U0511357

民国时期
农村经济问题研究

——以《乡村建设》为考察对象

颜昌盛　汪睿　著

商务印书馆
The Commercial Press
创于1897

2018年·北京

图书在版编目(CIP)数据

民国时期农村经济问题研究:以《乡村建设》为考察
对象/颜昌盛,汪睿著.—北京:商务印书馆,2018
ISBN 978 - 7 - 100 - 12253 - 5

Ⅰ.①民…　Ⅱ.①颜…②汪…　Ⅲ.①农村经
济—研究—中国—民国　Ⅳ.①F329.06

中国版本图书馆 CIP 数据核字(2016)第 109879 号

权利保留,侵权必究。

民国时期农村经济问题研究

——以《乡村建设》为考察对象

颜昌盛　汪睿　著

商 务 印 书 馆 出 版
(北京王府井大街 36 号　邮政编码 100710)
商 务 印 书 馆 发 行
北京市艺辉印刷有限公司印刷
ISBN 978 - 7 - 100 - 12253 - 5

2018 年 9 月第 1 版　　　开本 880×1230　1/32
2018 年 9 月北京第 1 次印刷　　印张 8⅛
定价:38.00 元

目　　录

前　　言

　　20 世纪 30 年代初,在帝国主义列强的侵略、封建统治者的强取豪夺及天灾人祸等因素的多重打击下,农村经济出现了严重的衰落。一场轰轰烈烈的强国富民的乡村建设运动应运而生。在梁漱溟的倡导下,《乡村建设》以山东乡村建设研究院为依托,于1931 年 8 月创办,至 1937 年停刊。《乡村建设》集合了民国时期学术界对各地区乡村经济、政治、文化问题及乡村建设理论研究的观点,重视乡村建设思想和先进乡村建设理论的介绍,并对其进行分析和评述;它关注国际上的乡村建设运动,通过对国际上一些国家乡村建设运动的介绍,从中汲取经验,并将国际经验教训融合中国实际问题,探讨出一条适合当时中国发展的道路。本书尝试从期刊创办的情况及涉及的相关人物、相关内容,对其进行全面、系统的分析,从而展现民国时期乡村经济思想脉络和特点。将史料和经济学方法结合,用以考察期刊的学术贡献、历史影响及其现实价值,尤其是对当前"三农"问题的解决提供可行性思路。

　　本书首先对《乡村建设》的总体概貌做了介绍分析。该期刊在1931 年到 1934 年间以旬刊的形式出版,每月出版三期,1935 年因期刊发展的需要,改为半月刊,每月出版两期,逢一、七月停刊。《乡村建设》以乡村建设运动为理论思想来源,将乡村建设特别是乡村经济建设与时政相结合,凸显出该期刊的时政与学术的特色,从而体现出《乡村建设》在当时乡村建设运动以及经济思想界的重要地位。《乡村建设》有强大的编者、作者阵容,编者主要是山东乡村建设研究院的研究员,作者群体范围十分广泛,不但有经济领域的学者,还有教育界、政治界、思想界的学者。其反映的内容包括经济思想史、西方经济理论、中国经济问题、合作经济理论、农村金融理论、乡村教育问题等。

在对《乡村建设》总体概貌进行介绍分析后,本书在第三至第六章分别对《乡村建设》所涉及的各方面内容进行分析,以期剖析出其反映的经济思想和解决"三农"问题的可借鉴途径。

第三章分析了《乡村建设》中关于乡村建设问题的研究。乡村建设问题包括经济、政治、文化、教育、思想、理论等多方面内容。笔者分别就此问题进行研究,并从这些文章的介绍和评述中,寻找出当时乡村建设理论的演变路径,以及这些问题的理论指导对当时乡村建设的影响和对现实学术研究的启示。笔者认为,就历史作用来看,单就经济思想而言,《乡村建设》上关于乡村建设经济思想的文章能很好地反映民国时期乡村经济思想发展的过程,能够系统地反映出受世界经济大危机所波及的中国经济思想的变化;从一味追求西方主流经济思想到接纳和宣传马克思经济思想这一变化。就现实价值来看,《乡村建设》上关于乡村建设经济思想的文章,为我们现在研究经济思想史提供了极大的史料支持,为乡村建设理论的构建提供了有效的借鉴。

第四章分析了《乡村建设》中关于合作经济问题的研究。本章大致介绍了中国合作经济理论、国外合作经济理论和合作经济理论派别,在本章最后就合作经济理论的具体应用做了介评。通过对《乡村建设》中合作经济类文章的综合剖析,分别描绘出资本主义合作经济理论、共产主义合作经济理论和乡村合作经济理论在当时中国发展的情况。第四章的分析给笔者几点启示：一是《乡村建设》所介绍的资本主义合作经济理论的文章，都有一个明显的特点，即在私有制的前提下，利用理性经济合作，希望通过对这些资本主义合作经济理论的介绍和评价，为当时政府制定解决经济危机的政策提供一定依据；二是共产主义合作经济理论，围绕公有制，建立人性化的合作组织，目的是为乡村农民解决最为迫切、最为实际的问题；三是乡村合作经济理论介于资本主义合作经济理论与共产主义经济理论之间，是乡村建设研究者根据乡村实际总结出来的合作经济理论，与后两者相比，乡村合作经济理论更符合当时乡村建设，更适合当时中国国情。

第五章以农村金融问题为研究对象进行分析。民国时期，由于中国社会正处于大变革时期，受西方民主思潮的影响，中国社会各种思潮蓬勃发展，尤其经济思想极为活跃。中国的金融思想也进入了快速发展时期，其显著特点是有关金融思想著述兴盛，流派纷呈。在中国金融思想的引领下，农村金融也进入了快速发展时期。本章不仅介绍了农村金融的概况，还对农村金融理论的应用进行了介绍评价。《乡村建设》中对农村金融理论应用问题的研究，主要以邹平实验区的金融状况为对象，通过分析研究，从中总结出解决农村金融问题的途径。《乡村建设》中的学者认为，解决农村金融问题的途径有两个，一是资金问题，一是组织问题。历史发展到今天，农村的发展很大程度上还受制于资金的约束，资金缺乏、融资难是农村发展亟待突破的瓶颈，金融合作组织也未能发挥其功能。本章通过对资金和组织问题的研究，为我国当前的农村资金筹集和农村信用社的改革提供新的思路，为完善农村金融体系提供新路子。

第六章是《乡村建设》中关于农村土地问题的研究。本章首先对民国时期农村土地概况及土地改革状况进行分析研究。在民国时期农村土地概况中,可以看到当时中国农村的状况。即使是发展到今天,中国农村土地依然存在分配不均、耕地不足的问题。这一时期农村土地改革围绕着"耕者有其田"的思想,该思想虽脱离实际,但思想方向是正确的。在介绍民国时期农村土地问题后,笔者分类综合了《乡村建设》中关于农村土地问题的研究,并提出了解决土地问题的思路。土地问题是经济思想研究的一项重要内容,对农村土地问题的介绍及解决土地问题路径的介绍,应能为当前经济思想史的研究提供参考借鉴,尤其是关于土地分配问题和土地经营问题的研究,对今天发展农业、解决"三农"问题有可取之处。

在结语部分,本书对《乡村建设》进行了总体评述和考察,分析了《乡村建设》的学术贡献、历史影响及其对现实的启示。本书认为,《乡村建设》关于民国时期乡村建设问题的研究,即使在改革开放的今天,仍然具有重要的理论参考价值,对当代中国农业现代化问题、新型城镇化问题、农村金融体系问题、农村管理问题的研究具有一定的启示意义。同时,笔者也对《乡村建设》的局限性做了探讨,认为期刊本身存在的局限性和研究过程中的局限性都可能影响读者对《乡村建设》的认知度。明确其局限性,可实现客观评价及现实展望。

第一章 导论

一、选题背景及意义

自古以来,中国就是一个农业国家,农村经济发展的好坏对整个国民经济有着至关重要的影响。20 世纪 20 年代末 30 年代初,由于帝国主义列强的侵略、封建统治者的强取豪夺及天灾人祸等因素,农村经济严重衰落,具体表现为土地高度集中、农民购买力锐减、农产品价格低落且输出减少、地价下跌、耕地荒芜、生产力大幅下降、农业高度萎缩。农民绝对贫困化,大量的农民被迫流离失所,有些甚至因饥饿、疾病等原因导致死亡。于是,一场富国救民的乡村建设运动应运而生。有着不同政见、不同施政方法的各个乡村建设流派为了国家富强、民族独立,纷纷在中国不同的地方、以不同的方式开展乡村建设运动。一时间,在中国这块土地上,乡村建设运动此起彼伏,高潮迭起。一批批进步的经济学者、社会学者、农业专家以及有志青年、地主阶级中的改良派、资产阶级,包括一些国民党政府中富有见地的官员也都参与其中。此外,在河南、山东等地还出现了专门主办乡村建设的专门机构,包括民间团体、学术机关、高等学校以及一些颇带政治色彩的乡村建设运动机构。

所有这些机构团体和个人都从不同的方面开展了大量的乡村建设工作。广大知识分子积极探索乡村建设问题。《乡村建设》杂志应运而生。梁漱溟先生是《乡村建设》的众多创办者中贡献最卓著的一员。他早年因受彭翼仲先生的深刻影响，具有强烈的爱国主义思想。他很早就热心国事，热心宪政。我们不难看出，梁漱溟先生一开始并不是在农村破产刺激之下从事乡村建设运动的，而是基于爱国救民的动因，抱着从中国文化的根部——农村重新打造中国新文化，以此推动乡村建设运动，来达到富民救国的目的。当时中国的社会民众还没有觉醒，还没有实行宪政、并从根部变革的要求。在梁漱溟看来，如果广大的公众没有参与国政、争取公民权利和个人自由的要求，宪政只在位于管理阶级的上层社会说来说去，是无用的。在这个问题的推动下，梁漱溟认为必须以地方自治为切入点，引导广大的公众从基层的农村入手实施改革，才能富民强国，拯救处于水深火热之中、多灾多难的中华民族，于是才有了其抛弃都市富裕生活到乡村搞建设的后续历程。1935年，他在《乡村建设理论》一书中分析了乡村建设运动的兴起，该书由浅入深地对乡村建设运动做了阐释，具体归纳为以下几点：第一，乡村建设运动是一场救济乡村的运动，旨在救济民国时期被日益破坏的中国广大乡村；第二，乡村建设运动是一场乡村自救的运动，旨在教育并引导广大农民进行生产自救，解决中国广大城乡的生存与发展的根本问题；第三，乡村建设运动是建设中国广大城市与乡村的建设运动，旨在掀起广泛的建设中国的热潮，富民强国，而并非仅仅指建设中国农村；第四，乡村建设运动的目的不仅在于富国强民，还重点在于从根本上改造旧社会，构建全新的社会管理体系，使广大处于帝国主义、封建主义、地主阶层及资产阶级压迫之下的中国劳苦大众摆脱压迫与剥削,从此告别旧社会,走进新社会,做国家的主人,过上幸福美满的新生活。但是,由于梁漱溟所倡导和践行的乡村建设运动从某种意义上来说,具有双重的阶级性,因此,以其为代表的乡村建设运动具有一定的局限性在所难免。一方面,梁漱溟倡导的乡村建设运动是为了富民强国,拯救危难深重的中华民族;另一方面,梁漱溟所倡导的乡村建设运动系在以韩复榘为代表的民国政府的政策支持下,以民国政府的经济支持做后盾而得以顺利开展的。众所周知,统治阶级与被统治阶级之间本身就是一对矛盾的统一体,他们之间充满了矛盾与斗争。在民国时期,占中国人口80%以上的广大劳动人民处于被统治地位,当他们的诉求和利益与民国政府难以调和时,梁漱溟为了乡运顺利进行,不得不从大局出发,适当让渡广大劳苦大众的利益来维护政府,因此也具有局限性。民国时期正处社会大变革阶段,各种新思潮风起云涌,整个社会充满矛盾,广大民众与政府间更是矛盾重重,而《乡村建设》中没有一篇批评政府的文字就是其局限性的佐证。总之,梁漱溟否认中国存在阶级和阶级斗争,他所论述的乡村建设运动兴起的原因,实际上只是说了它的表面现象,而没有揭示它的实质。

作为一名中国近现代史的研读者,任何人都无法逃脱由现实来反观历史的这种解读方式的致命诱惑。而我们当前的“三农”问题,在幽深的时空隧道中,与20世纪二三十年代的乡村建设几乎可以有逻辑地连接起来。固然历史情境不可能完全相同,现在和过去已是千差万别,但在层层累积的历史斑驳的背景之中,我们不难窥见那些未竟的、依然留存的同等质地。这能够也应当构成我们去研究的张力,使我们得以在历史与现实之间,借助现代化理论的工具，来回游走。也许我们最后提不出终极的答案，但至少可引发一些思考。

梁漱溟创办的《乡村建设》（1931—1937）以半月刊形式出版，主要涉及乡村教育、乡村建设经济理论及其经济政策探讨与研究，由于其具有庞大的作者阵容和强大的社会影响力，并且成果卓著，所以成为民国时期最具有代表性的经济类刊物之一。本书认为，以《乡村建设》为研究对象，可以为我们认清民国时期政府的经济思想的发展过程提供一种新途径，还可以为当前"三农"问题的解决，以及当前中国社会经济城乡统筹发展提供诸多借鉴，也为科学发展观的有效有力实施提供可能的参考。

二、相关理论文献综述

民国时期，在中国兴起的由知识分子倡导并推进的乡村建设运动，目的在于富民强国，推进新型社会的构建。这场大规模的乡村社会建设运动，涉及地区非常广，涵盖了中国广大地区，而且影响相当大。由于种种原因，在改革开放前很少有机构或个人系统客观地对这场轰轰烈烈的乡村建设运动进行研究。改革开放后，乡村建设运动的主要倡导者及领导者和其所开展的乡村建设的实验开始进入国内外学术界的视野，人们逐渐开始对其展开全面的研究。随着时间的推进，研究成果日趋丰富，而且时有新的进展及突破，具体综述如下。

学术界对于乡村建设研究的综述性文献非常之多，但大多数相关文献都将对乡村建设的研究阶段分为三个阶段。第一阶段：对史料的征集、抢救和编辑出版阶段（20世纪80年代中期至90年代初期);第二阶段:较为宏观的初步研究阶段(80 年代末至 90 年代中期);第三阶段:多学科、多角度地深入探讨和研究阶段(90 年代末至今)。简要阐述如下。

第一个阶段,在 20 世纪 80 年代初,随着我国逐步重建对社会科学的研究,相关研究人员和机构开始展开对民国时期的乡村建设运动的研究。1984 年,邹平县政协就率先开始征集整理梁漱溟先生在民国时期倡导开展并亲自践行的乡村建设运动的历史资料。三年后,当征集整理工作进行到了一定的程度,山东省政协下辖的文史资料委员会为了进一步征集整理相关资料并进行深入研究,在邹平召开了旨在抢救有关资料的研究探讨及具体工作安排的会议。此次会议上邹平县政协被确定为重点单位之一,负责重点抢救和征集相关资料。邹平县政协于是马上开始相关工作,逐一走访了梁漱溟等还健在的曾经主持或参加过乡村建设运动的近百名乡村建设老人,在拜访的同时,搜集抢救了一大批珍贵的乡村建设史料。1991 年,邹平县政协和山东省政协汇整了前期收集的珍贵史料,联合编撰了《梁漱溟与山东乡村建设》这一再现民国时期乡村建设运动的专著。专著从不同角度,客观、真实地反映了当年的乡村建设的具体情况,并汇集整理了四十多位当年曾经参与乡村建设活动老人的回忆资料,这些回忆资料为史学界提供了许多极其宝贵的研究素材。1989—1993 年,《梁漱溟全集》编辑出版。1992 年,由美国芝加哥大学教授艾恺(Guy S. Alitto)编撰的《梁漱溟传》(由郑大华等学者译著)在湖南出版。80 年代中后期,通过各方面不懈努力,《晏阳初全集》在湖南出版问世。《晏阳初全集》收集整理的相关著作涵盖了晏阳初先生多年的多项成果(其中还有不少是从未对外公布的原始信函、记录、手稿等原始资料,弥足珍贵）。本阶段的重点是对乡村建设史料的抢救、收集整理及编辑出版。

第二阶段，是对乡村建设的初步研究阶段。学术界于1987年召集全国二十多个单位的专家及学者代表，在邹平县召开学术研究讨论会（此次会议由邹平县政协会同山东大学以及山东省社科院具体承办），与会者具体围绕梁漱溟先生所倡导和践行的乡村建设运动，从多个视角探讨研究民国时期的乡村建设运动。会议成果颇丰，不仅提出了一些相关问题，而且还达成了一系列共识。对乡村建设中的诸多元素的关系进行了探讨与研究，如：乡村建设的理论与实践与其倡导者梁漱溟之间的关系、理论与思想体系的关系、实验区与全国的关系等。这些活动为当今城乡统筹、"三农问题"乃至践行科学发展观，提供了理论参考。通过对乡村建设运动理论的初步研究，学术界出版了系列相关专著，也产生了诸多代表性研究人物，其中较有影响的人物有宋恩荣、马勇、熊贤君、詹一之、李国音、李善峰、郭齐勇、龚建平、雷洁琼等；较有影响的著作有《梁漱溟评传》、《梁漱溟教育思想研究》、《晏阳初教育思想研究》、《一项为和平与发展的奠基工程——平民教育之父晏阳初评介》、《梁漱溟社会改造构想研究》、《梁漱溟哲学思想研究》、《晏阳初纪念文集》等。这一系列的代表性人物及著作的出现，标志着学术界对乡村建设运动的研究已步入较为宏观的初步研究探讨阶段，较之前一阶段的文献收集整理及编辑出版阶段又向前迈进了一大步，为下一步的更深层次的研究与探讨打下了坚实的理论与实践基础。

第三阶段，在前两个阶段的基础之上再进行深入探讨和研究，系对乡村建设运动研究的最高层次。80年代到90年代中期，学术界对乡村建设运动探讨与研究的程度,由最早的收集整理史料并逐步编辑出版,发展到较为深入的初步研究。有了前两个阶段的探讨与研究打下的坚实基础,90年代末以来,学术界对乡村建设运动探讨与研究逐步进入了微观阶段。研究者对乡村建设运动的诸多元素,如乡村建设理论、历史地位、性质、变迁及具体实践、方法论等,从不同的视角进行科学的探讨与研究,以逼真再现民国时期的乡村建设运动,归纳总结其精髓,最终借鉴其理论,以指导及解决一系列现实的问题。这一探索与研究阶段同样成果卓著,涌现了大批颇具深度、颇有学术水平的学者及论著。著名学者有陈宪光、刘重来、王安平、郑黔玉、马瑞、熊吕茂、郑大华、季芳桐、于建嵘、王宪政、李国忠、李在全、鄢烈山、李文珊、史振厚等;著名著作有《梁漱溟的乡村建设运动与中国现代化之路的探索》、《中国近代西部"乡村城市化"的成功尝试——论卢作孚创建北碚城的思想与实践》、《卢作孚的乡村建设理论与实践述论》、《试论梁漱溟乡村建设的文化哲学基础》、《梁漱溟儒家政治人格及其乡村建设实践》、《梁漱溟的文化思想与中国现代化》、《民国乡村建设运动》、《农村革命与乡村建设之比较》、《乡村建设运动对农村政治结构的影响——对湖南省衡山县的实证研究》、《晏阳初与定县平民教育实验区》、《苏维埃运动、乡村建设运动与中国农村的社会变迁比较》、《二十世纪二三十年代福建乡村建设运动的社会背景探析》、《梁漱溟在山东》、《超越怜悯:平民教育家晏阳初的实践及其精义》、《晏阳初梁漱溟乡村建设思想比较研究》、《晏阳初乡村改造思想形成的理论背景》、《论晏阳初乡建思想的科学性与民主性特征》、《论卢作孚"乡村现代化"建设模式》等,这些颇具学术价值的论著的发表刊登,标志着对乡村建设运动的探讨与研究进入了一个更加深入的更高层次。

学术界通过多年的探讨与研究,首先,再现和重审了乡村建设运动;同时,对乡村建设运动不同思想理论及派别模式进行了比较研究;此外,对乡村建设运动性质进行了中肯的评价。这些多年不懈的研究与探索,使得人们对乡村建设运动的研究步步深入,研究成果卓著,并归纳演绎出不同层面、不同领域的科学理论及科学的方法。这些科学结晶不断地运用到实际生产与生活中,为当今的社会主义新农村建设、城乡合理规划统筹及构建和谐社会提供了重要的参考与借鉴。

三、本书的研究内容与任务

当前针对《乡村建设》杂志本身进行研究的很少,基本上都是针对梁漱溟本人及其思想进行不同视角、不同领域的研究,或者是与其他相关学者的研究视角及研究成果进行比较性研究。因此,本书开创性地针对《乡村建设》杂志本身进行研究,在参考当前相关的乡村建设思想研究的同时,将之体系化、整体化,并且通过对该杂志的研究,为当前专业性期刊的建设提供可资借鉴的经验。

进而言之,本书拟从《乡村建设》的创刊、发行及内容展开研究,通过分析该刊的创办背景、文章作者群体结构及文章所涉及的内容,展现乡村建设经济思想的大体轮廓,并在此基础上提炼出其中的经济思想,从理论探讨和实践问题分析两个视角进行研究。具体而言,在理论方面,以期揭示出乡村建设运动各个流派在乡村建设问题上的共性与分歧,梳理出 20 世纪 30 年代在中国大地轰轰烈烈开展的乡村建设运动背后的思想源流及其演进；在实践方面，主要是通过对乡村建设运动所采取的政策措施的考察与研究，希望为解决我国当下的"三农"问题及城乡统筹提供思路与借鉴。

四、本书的主要研究方法

（一）采用历史法与逻辑法相结合的研究方法

1. 历史法，即以时间为线索，按照学术界或专门的研究机构及个人研究与探讨民国时期乡村建设运动的经济思想的特点与内容，以及这些研究机构及个人归纳总结出的经济观点的路径，追寻乡村建设发生与发展规律。本书将用历史的方法，给出民国时期乡村建设思想的时间序列，以乡村建设运动的历史背景及主客观条件为主线，并按乡村建设所发生的时间顺序，研究各种乡村建设经济思想以及各种经济思想之间的差别和相互影响作用。

2. 逻辑法，即认识推理乡村建设运动的一种研究方法，它包括比较、分析与汇总、论证推理等方面。此研究方法以乡村建设运动的逻辑规律为指导，根据乡村建设运动的历史事实材料，下定义，形成概念，做出判断，进行推理，揭示乡村建设运动的理论体系及经济思想。

总之，本书采用历史法与逻辑法相结合的研究方法，科学地探讨民国时期乡村建设运动的经济思想。

（二）采用实证研究与规范研究相结合的方法

研究过程中，在全面占有资料的基础上，对各种乡村建设思想和政策主张进行实证分析，准确阐述这些思想和政策主张的内容和特点、实施效果以及原因；然后，在此基础上对其理论得失进行科学的评价。

（三）采用比较研究与典型分析相结合的方法

如以工业化起步阶段欧美等的乡村建设实践作为典型，进行比较研究，考察民国时期国内外乡村建设思想和政策实践，分析《乡村建设》的研究特色和理论特色。

第二章 《乡村建设》概貌

第一节 梁漱溟与山东乡村建设研究院

一、梁漱溟及其学术活动

梁漱溟是民国时期乡村建设运动的主要倡导者及践行者,其乡村建设理论卓著,成果斐然。对梁漱溟本人进行全面了解与研究,对于全方位研究《乡村建设》意义非常重大。

（一）梁漱溟生平简介

梁漱溟生于 1893 年,卒于 1988 年,名焕鼎,字寿铭(早年曾用寿民、瘦民做笔名),生于北京,籍贯为广西桂林,蒙古族。他是文化哲学的创始人,现代著名的教育家和思想家,一生致力于宋明理学的研究,大力倡导以中国传统文化为开拓人类新文化生命的基础,弘扬儒家学说,并建立了新儒家学说,故海内外学者奉之为"现代新儒家"。①

---

① 中国文化书院学术委员会:《梁漱溟全集》。

梁漱溟出身于士大夫家庭,祖上世代为官。自幼聪慧过人,不仅熟读国文,同时还通晓数理化及英文。年仅 13 岁便考入了北京顺天中学堂。还在读中学的时候就开始思考人生问题,政治主张十分明确,追求维新派,谋求通过运动来改造旧社会、构建新社会。1911 年,时值辛亥革命爆发之际,年仅 18 岁的梁漱溟放弃了升学的机会,投奔到极具改良革新倾向的《国民报》当记者。该报为同盟会机关报,所以同年梁漱溟顺利加入了京津同盟会,后热心于社会主义。① 1916 年,青年梁漱溟发表具有较高研究水平的学术论文——《究元决疑论》,因其表现出了极高的天赋和独到的见解,北京大学的蔡元培校长决定聘请他到北大当教授。梁漱溟在北大任教的 7 年里,着手东西文化比较研究,撰写了《印度哲学概论》(商务印书馆出版)一书,此书同样极具学术水平,社会影响极大。次年又在北大出版了《唯识述义》(第一册)。

31 岁时,梁漱溟决定投入乡村建设运动,便毅然辞去北大教职,首先去了山东曹州,着手试办中学高中部,不久就投入国民革命,最终立志于乡村教育运动。梁漱溟于 1930 年接办《村治》月刊,并出任河南村治学院教务长,从此开始践行乡村建设运动。河南村治学院因战争转入山东邹平,梁漱溟担任山东乡村建设研究院的研究部主任,从此山东省乡村建设运动拉开了帷幕,梁漱溟所倡导的乡村建设运动就以山东作为主要基地轰轰烈烈地展开了。在乡村建设运动中,梁漱溟发表了多篇极具社会影响的学术论文,如《中国民族自救运动之最后觉悟》、《乡村建设理论》等。这些经典论著从多角度全面引领着广大乡村建设者开展富国强民、构建

---

① 中国文化书院学术委员会:《梁漱溟全集》。

新型社会的乡村建设运动。

梁漱溟作为中国共产党的忠实朋友，以民主人士和社会名流的角色多次为国共合作开展活动，为中华人民共和国的成立立下了不朽的功勋。党和人民没有忘记这位有着卓绝贡献的爱国民主人士，中华人民共和国成立后，党中央多次邀请梁漱溟先生参加中央政府的政治活动，并推举梁漱溟先生出任全国政协委员。作为一名政治家和思想家，梁漱溟对政治有着自己独到的见解，他对政治的不同理解导致其和党中央时不时有不同的政见。特别是在1953 年，梁漱溟因对"过渡时期的总路线"同党中央有不同的政见，发表了一些与党中央不一致的政治言论，受到毛泽东主席的批评，历史上著名的"毛梁之争"就来源于此。因此也引发了现当代诸多学者及政治派别的诸多争论，此后，因受"左倾"思想及其他一些因素的影响，梁漱溟受到了诸多不公正的思想批判及政治待遇。梁漱溟作为中国现代教育家，一生都未放弃对文化的学习与追求，1985 年，92 岁高龄的他还在"中国文化讲习班"讲授科学文化知识，并为学员做了"中国文化传统"的报告。1988 年，这位中国现代教育家、思想家、政治家、文化哲学创始人因病逝世，享年95 岁。

（二）梁漱溟学术研究、救国救民思想及其理论研究
　　　简评

梁漱溟一生中成果卓著，著述极丰，著有《究元决疑论》、《乡村建设理论》、《印度哲学概论》及《人心与人生》等数十种著作。这些经典名著为乡村建设乃至中国的发展探寻指引了通向曙光之路。特别是在非常时期，梁漱溟不为时代潮流所动，高举中国传统文化大旗，指引全国人民正视中国国情，尊重源远流长的中国历

史,自觉维护中国传统文化,兴起了现代新儒学。现代新儒学的兴起不仅继承和维护了中国传统文化,而且还创造性地发掘并运用了传统文化的普世精神和现代价值,为中国的强盛、人民的富裕做出了不可磨灭的贡献。

梁漱溟热衷于对时局的关注和国家命运的思考,从中学时代起,他就对时事感兴趣,学习积极,积极参与多项政治活动。梁漱溟一生都在致力于探寻救国救民之路,他曾经试图通过遁入空门、研读佛经,并从佛经中找到救国救民之路。然而,战争绵绵,社会动荡不安,广大中国人民继续生活在水深火热之中的社会现实,迫使悲愤不已的他改变了这种救国救民的思想方法。作为现代儒者的梁漱溟的救国救民思想有了质的转变,最显著的转变是,他放弃了佛教的出世思想,并以积极入世的方式来拯救处于水深火热中的人民和灾难深重的旧中国。梁漱溟所传承的中国传统文化思想指引着他探寻中国发展之路,不管外界成败与否,梁漱溟始终坚持儒家的"道统"。梁漱溟的经典名言"现在我不能死去,如果我现在死了,中国的天下将要大变,历史也会改写"①,充分展示了他作为现代学者的儒学情怀。

梁漱溟作为现代新儒家,不仅是一名哲学家或学者,更是一名政治家和社会活动家。他的一生不仅致力于学术研究,还时时关注着中国的政治及广大劳苦大众,以认识老中国,建设新中国②为奋斗目标,指引自己积极投入轰轰烈烈的乡村建设运动。他为了强国富民,倡导和践行了一场影响大部分中国土地的乡村建设运

---

① 中国文化书院学术委员会:《梁漱溟全集》。
② 同上。

动。在践行这场轰轰烈烈的乡村建设运动过程中,梁漱溟勤于思考,不断总结经验教训,最后形成了一套完整的乡村建设理论,并收集编撰为《乡村建设理论》这一经典名著。梁漱溟的乡村建设理论成为广大中国人民广泛开展乡村建设运动的指导纲领,社会影响极其深远。当代著名学者张汝伦认为,梁漱溟是中国思想史上极其重要的思想家之一,《乡村建设理论》一书的发表奠定了梁漱溟作为重要思想家的地位。

梁漱溟在乡村建设运动的具体实践中形成的乡村建设理论,明确指出了要解决中国问题,必须立足于中国的传统文化,教育广大中国人民进行乡村建设运动,富民强国,改造旧社会,构建新的社会管理体系。他指出:要从根本上改造旧社会,构建新社会,仅仅单纯地消灭军阀或实行一种新的政治制度都是不现实的。[①] 从中我们不难看出,儒雅的梁漱溟作为一名政治家极具远见卓识,看待问题极其深刻,一语道出了当时解救中国的根本问题在于构建新的社会管理体系。

二、山东乡村建设研究院的创建及其学术活动

(一) 山东乡村建设研究院的创建

20 世纪 20 年代的中国,军阀混战,广大农民贫穷潦倒,过着食不果腹、衣不蔽体的痛苦生活,农村经济极其萧条。梁漱溟感慨:乡村老百姓的痛苦就是全中国人民的痛苦;乡村老百姓得到好处

---

① 梁漱溟:"乡村建设理论",《乡村建设》1935 年第 5 卷第 1 期,第 5—6 页。

就是中国人民的好处。① 1929 年,他从北大辞职,应韩复榘的邀请赴河南及山东担任乡村建设研究院的相关职务,从此,梁漱溟就投入旨在构建新的社会管理体系的乡村建设运动。

乡村建设研究院的最早雏形是1929 年由河南省主席韩复榘大力支持并直接下令设立的河南村治学院,后于 1931 年因战争原因,迁入山东邹平县继续进行乡村建设实验,并成立了山东乡村建设研究院 。从此乡村建设运动便以山东为基地,大规模向中国广大地区扩展开去,涵盖了大部分的中国领土。乡村建设研究院的机构分成五部:1. 乡村建设研究部;2. 乡村服务训练部;3. 乡村建设实验区;4. 总务处;5. 附属机构,如农场、医院卫生院和图书馆等。乡村建设研究院机构设置图如下所示:

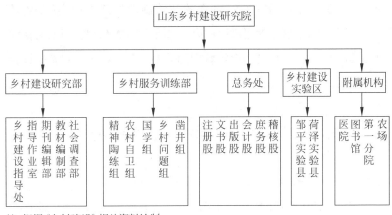

注:根据《乡村建设》相关资料绘制。

图 2-1   乡村建设研究院机构设置图

---

① 　中国文化书院学术委员会:《梁漱溟全集》。

1. 乡村建设研究部

乡村建设研究部是乡村建设研究院的研究机构,由梁漱溟担任主任。该部的首要任务是研究乡村建设理论,制定乡村建设发展规划,培养乡村建设高层管理人才,倡导学术界和知识分子勇于实践、开拓进取的优良社会风气。每期招收四五十人,招生对象为大专院校的毕业生,或者虽未取得大学文凭,但受过高等教育,能够胜任一个教师的职责,能够教育指导乡村建设相关知识,而且热心于研究乡村建设的知识分子。这些人作为研究生,学习一年(后改为半年),主要讲授基本研究和专科研究。关于授课内容,山东省政协文史资料委员会编撰的《对山东乡村建设运动的回顾》一书有专门记载:研究部授课时除了采用《乡村建设理论》和《中国民族自救运动之最后觉悟》这两本书外,还聘请王平枢、黄艮庸做课外辅导,在具体的授课过程中,有时候还聘请金陵大学和燕京大学相关专业的教授做专科指导。①

最初,乡村建设研究部只招收山东籍的学生,学生不需支付学费和生活费,全部由院方提供。一段时间以后为了倡导乡村建设运动风气,将乡村建设运动大规模推广开去,乡村建设研究部也招收少量的外省学生,数量控制在总数的十分之一以内,但外省学生要自己承担部分费用,研究部供给生活费,不负责其他费用。研究部共招收本省研究生六十六人,另又招收了外省学生十几人,前后招生共计三届。这些学生学成毕业后大多留下来继续从事乡村建设相关工作。

---

① 山东省政协文史资料委员会编:"对山东乡村建设运动的回顾",《文史资料选辑》1986 年版。

研究部是山东乡村建设研究院最重要的部门,规划了乡村建设的美好蓝图,为乡村建设运动培养了大批高层管理人才。

2. 乡村服务训练部

乡村服务训练部简称为训练部,该部以陈亚三为主任,是为实施乡村建设、训练乡村实际服务人才而设。训练部招收的学生是预备到乡村服务的,学生须就地录取,其原定的录取条件为:

"第一,世代居乡,至今其本人犹住家在乡村的,这是因为学生不失乡村生活习惯,尤其紧要的是,是因为他熟悉乡村情形。

第二,曾受过相当教育,具有普通知识。非有知识和运用文字的能力,不能为公众做事。

第三,年纪在二十岁以上三十五岁以内的,这是因为年力正富可以有所作为,而又不要太年轻。"[①]

但是因为山东全省一百零八县,事实上,从各地录取学生有下列困难:

"第一,各地情形不同,鲁西不同于鲁东,鲁南不同鲁北,要在训练学生时指点他们了解研究,势所来不及,在指导实施乡村工作时,要帮助他们解决地方上的问题,普泛的照顾又万做不到。

"第二,训练后回本地做事,每县人数过于单少,则事情不易进行,而假定每县十人左右,同受训练便达千人,研究院的人力财力一时均有不及。"[②]

基于上述原因,训练部于是实施分区域招生、分期次举办。第

---

① 张俶知:"山东乡村建设研究院培育人才之新转向",《乡村建设》1936 年第 5 卷第 4 期,第 39 页。

② 同上。

一届在邹平县辖区的旧济南道等 27 个县中招收学生二百八十余人,自费学生二十余人,入学资格为初中毕业及同等学力者。按照学生学历高低及实践经历统计比较结果,大概以达初中毕业程度以下但曾经从事乡村服务者居多,所以他们的学识颇为薄弱。学生受训时间为一年,由研究院每月给伙食费五元,学校的统一制服则按季配发。第一届于 1931 年 7 月入学,1932 年 6 月结业。第二届招收鲁西鲁南 41 县学生二百八十余人,于 1932 年 7 月入学,这批学生的一切管理规定与第一届没有差异,只有课程安排比第一届科目多些。由于训练时间极短,所以成绩不是很好,所以训练部稍微做了一些调整,将一年时间分为两段,前一段为普通训练,时间 3 个月,注重精神陶练、军事训练两科;后一段为分组训练,时间9 个月,共分为五个组,一是农村自卫组,二是国学组,三是乡村问题组,四是精神陶练组,五是凿井组。共同必修的乡村建设理论于最后两三个月内排课。

自第二届学生结业后,停招了一年,于 1934 年 6 月份开始招收第三届。其办学管理办法与上两届相比变动较大,一是严格制定报考资格,取消同等学力,规定必须在初中、高中或后期师范与乡师毕业的人才能报考。二是除了在胶东潍县等 26 个县及鲁西北14 县招收公费生 290 名以完成全省各县的训练外,另外招收自费生数十名,不限省籍、县籍,并且分别指定在邹平本院及菏泽分院学习训练。三是训练的办法安排不同,较以前有诸多改进。①

训练部以培养学生的服务意识,增强其认识问题、解决问题的

----

① 张俶知:"山东乡村建设研究院培育人才之新转向",《乡村建设》1936 年第5 卷第 4 期,第 40 页。

能力为主要目标,注重实践是训练部的主要特色。

3. 总务处

乡村建设研究院所设立的总务处是研究院的后勤辅助机构,全院所有的行政事宜都由总务处掌管。首任总务长是叶云表(籍贯:河北省大城县)。总务处的职能和现在的学校及科研单位所设的总务处有所不同,现在的总务处职能只具有"庶务股"的职能;乡村建设研究院所设立的总务处不仅下辖庶务股,还下辖具有教务处职能的注册股、具有行政科职能的文书股、具有财务处职能的会计股、具有纪委监察审计职能的稽查股以及出版股等单位,并经常召开事务会议,处理研究院日常事务。

4. 乡村建设实验区

1933 年 7 月,山东省政府划邹平县为山东县政建设实验区。县政府组织实施改革:以财政、建设、教育三局归并为县政府第三、第四、第五科;将民团大队部改为民团干部训练所。第二、第三科主要掌管财政事项,虽有省县的区别,但性质相同。1935 年,县政府将第二、第三科合并为第三科,掌管所有财政事务。至于第二科,则主管公安、警卫、征调、侦缉等事项。而将公安局民团干部训练所裁撤,另设警卫队、行政警卫队,都属于第二科管辖。此外,设有合作事业指导委员会,指导全县合作事业;设有辅导员办公室,辅导各村学与乡学开展教育活动。至于县以下的组织,按全县十三乡每乡设立乡学一处,乡学下设村学若干所;其乡村一方面为社会改进机关,另一方面为地方自治兼行政机关。其次,全县机关除有县政会议外,还设有地方会议,以及各乡理事及工会、商会以及其他人民团体组织,主要负责研究决定地方经费增减、县公产经营、公共事业管理,以及县政改革实验事项等。

实验区对行政机构实施改革后,为了适应乡村建设运动的需要,又对农村金融流通处进行改组。1934 年以前的农村金融流通处,办理政府征收支付事项,行使县政府金库的职能。但是,农村金融流通处长期以来未能全力发挥其职能,于是,在各级领导的带领下,开始对农村金融流通处进行改组。1935 年,改组后的农村金融流通处负责筹定资本,专门为流通农村金融服务。一方面,以农村信用合作为唯一放贷对象,另一方面,仍继续代理县金库行使职能,但不再办理征收业务。在组织上,成立了采用经理制的董事会,这与以往大有不同,在管理上更趋于规范。实验区在对行政机构及农村金融流通实施改革时,对实验区的户籍、教育等也有新举措,简要阐述如下。

(1)举办户口调查,实行人事登记

1934 年年末,实验区成立邹平户口调查设计委员会。1935 年 1 月 8 日,发动在乡村实习的同学,举行全县大调查,调查完毕后就筹办了人事登记处。4 月 1 日成立各乡学户籍处,县政府设户籍室。每一乡学户籍处设户籍主任一人,由联庄会员的乡队副兼任,联庄会的村组长兼任户籍员,全县 107 人。以全体联庄会员及甲总编为户籍警,开始工作,着重宣传方面。7 月又举办户籍登记,由各家长依照户籍法申请登记。将登记书整理完后,开始编辑户籍登记簿。此项工作完成后,人事登记就步入轨道了,只需随时查看,随时可以知道人口数。

(2)整顿村学

邹平的实验工作,主要是在乡村组织的实验,涉及村学与乡学。村学工作,虽然具有很重要的位置,但是两年来,始终未做得很好。梁漱溟于 1935 年 6 月兼任县长,其目的在于整顿村学。将所有村学教员一律调整,选拔一部分,再加上新毕业的同学,集中培训,然后下乡充实到乡学工作。同时在全县指定几个乡为先办村学区域,其余的暂且缓办。

(3)凿井救旱

梁漱溟初到邹平,就提倡凿井,请定县李子棠先生担任指导。但是因为连年丰收,老百姓感觉不到凿井的需要。至1935年,自春到夏,数月不下雨,老百姓人心焦急,于是开始大规模推广凿井。县政府原备有凿井贷款六千余元,已不敷需用,特又筹拨两万一千余元,一律无息贷出,奖励凿井。计各乡贷款新凿共三百三十三眼,非贷款开凿的井有七百零二眼。

(4)试行导生制共学处,以普及义务教育

陶行知先生所提倡的小先生制,曾在第十二乡试行。其后又参照定县导生制,在第十一乡学搞实验,其他乡学也逐渐效仿。此事除了具有启发学生活泼自动精神及组织能力的优点外,对于解决贫苦失学儿童的教育问题,贡献也很大。后来推行于第十二乡至第七乡,随后在全县推行。此前为实施义务教育所提倡的短期小学,在邹平被共学处取代。

(5)举办自新习艺所

从前的乡村社会,对于那些干坏事伤害他人利益的凶恶之人,由政府相关部门来进行制裁。由于行政与司法不分,政府权力不受任何制约,由政府来制裁恶人,也就十分容易。自1911年以来,政府对违法行为的制裁力度减弱,好人被坏人欺辱,好人却无可奈何。有鉴于此,实验区成立曾制定一种办法,将乡间小偷、赌棍、地痞、毒品犯等违法乱纪者拘押在一起,实施特种教育,名为成人教育特别班,曾经呈请省府实行。这与新刑法中保安处理治安事务的办法较为相似。后来又将该办法进行了改善,规模扩充,戒烟也涵盖在内,改为自新习艺所。

5. 附属机构

（1）图书馆

建设研究院的图书馆以 1937 年 6 月研究院成立之日为起点,当时馆舍在研究院西跨院南屋,藏书室、阅报室、管理员寝室,一共只有三间。1932 年夏因为馆舍偏僻,不敷应用,于是迁到研究院训练部教室前面的东屋。以后馆址每年都有扩充,图书也陆续增加。1934 年八九月间为求馆中内务充实,订购图书登记簿、目录卡片等用品十多种,并且制造杂志架、报架、目录箱等应用物品。为全院师生阅览研究便利起见,藏书室改为开架式管理。10 月又招收练习员两人,管理图书馆及办理邹平全县乡村图书馆。

图书馆设主任一人,秉承院长领导,总管全馆事务。下有事务员一人,练习员二人,分任阅览、期刊、编目、登录、事务各组事务。为增进图书馆效率起见,组织图书馆委员会,商讨馆中重要的事务及审核图书与馆中各种章则。会期不定,必要时由主任召集会议。

图书馆的经费,除了职员薪俸及添购设备费由研究院支付外,原定每个月购书费 200 元,专供购买图书、订阅杂志报章之用。自 1935 年度起,因全院经费缩减,图书馆购书费也减为每个月 120 元。

馆舍使用过去训练部第四、第五、第六、第七教室,辟为普通阅览室、杂志阅览室、书库、办公室,位于各教室及教职员学生宿舍之间,地处适中,往来便利,而没有一切扰乱。[1] 其组织系统结构如图

---

[1] 濮秉钧、刘俊卿:"山东乡村建设研究院图书馆概况",《乡村建设》1935 年第 5 卷第 4 期,第 81 页。

所示:

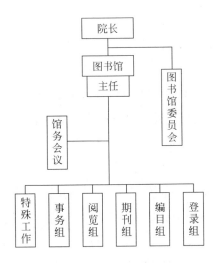

图 2-2　图书馆组织系统结构图

资料来源:濮秉钧、刘俊卿:"山东乡村建设研究院图书馆概况",

《乡村建设》1935 年第 5 卷第 4 期,第 81 页。

（2）医院

山东建设研究院举办医药卫生事业,发起于 1934 年夏。因一时人才经费未能立时筹就,难以立刻实现。经过梁院长的各方奔走,得到内政部卫生署及全国经济委员会卫生实验处的协助,与私立齐鲁大学医学院合作,并且得到上海市卫生局局长李廷安的同意,暂聘借该局技士李玉仁为主任。继而奉山东省批准开办费 4800 元,并暂定每月经费 1185 元。于是自 7 月起开始筹备,先行开办医院,直隶于研究院,当即商定以研究院图书馆及县政府第五科房屋为院址,即日进行修理。至 9 月底大致就绪,10 月 1 日正式开幕。为地方卫生行政的便利,1934 年 11 月成立卫生院,作为县政建设实验区的卫生推行机关,直隶邹平县政府。

医院与卫生院的组织、人员与经费并不分开,实际上是一个团体,为行政上的便利,而有两个机关的名称。内部原分为平行四组,后改为平行三组,而以卫生教育组为三组共同之矢地。医院与卫生院经费的来源分为四处,除了卫生署协助外,私立齐鲁大学医学院与医院和卫生院合作,以医院和卫生院为该院学习公共卫生的实习地点,因此每个月协助经费 300 元。医院与卫生院应地方的需要,诊疗与卫生并重,在没有设病室之前,每天上午八至十二时,下午二至五时为门诊时间,而以免费为主旨。初诊仅收挂号费铜圆 10 枚,复诊为 4 枚。药费除注射“九一四”外,概不收费。① 其组织系统机构如图所示:

(3)其他机构

除此之外,乡村建设研究院的附属机构还设有下述单位:1. 乡村书店,主要职能是负责印刷、销售有关乡村建设的书籍;2. 乡村服务人员指导处,负责指导训练部、研究部毕业的毕业生为乡村服务;3. 社会调查部,掌管社会调查,提供各种研究资料供研究院使用;4. 合作指导处,负责指导合作社的组织工作;5. 菏泽第一分院,具体负责研究院部分工作,同时还担负鲁西菏泽等地的乡村建设的研究工作;6. 农场,用于良种实验和民生改进推广以及提供学生实践等。研究院还建立了包括“院县联合周会、每日班前会、县务会议、县地方会议、村长会议”的会议制度,及时了解研究乡村建设研究院的各个部门及下属机构的情况并传达指令。

---

① 邹平县政建设实验区卫生院:“山东乡村建设研究院邹平县政建设实验区卫生院医院二十三年度工作报告”,《乡村建设》1935 年第 5 卷第 4 期,第 65 页。

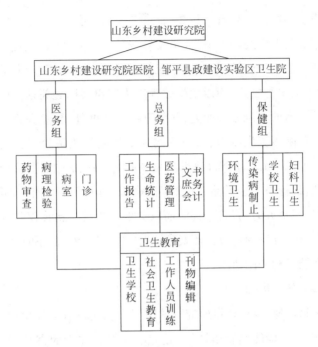

图 2-3　山东乡村建设研究院组织系统机构图

资料来源:邹平县政建设实验区卫生院:"山东乡村建设研究院邹平县政
建设实验区卫生院医院二十三年度工作报告",《乡村建设》1935 年第 5
卷第 4 期,第 65 页。

总而言之,乡村建设研究院通过由上述四大基本机构及其附
属机构所构成的运作管理系统全面推进乡村建设运动,取得了丰
硕成果。

（二）乡村建设研究院的学术活动

1. 乡约思想

20 世纪 30 年代初,在帝国主义、封建主义及天灾人祸的压迫
下,新一代青年向往西方民主。由于当时的西方经济发展迅猛,民

主思想随之深入人心,这使得中国青年对西学更加崇拜,企图在西学中寻出一条能拯救中国的道路。"中学为体,西学为用"①的思想也因此牢牢拴住了民国时期新一代青年的心。基于当时中国内忧外患、民不聊生的国情,梁漱溟认为,西方社会制度本身就不完整,特别是在道德制约方面还存在很大缺陷,随着社会的长期发展,西方的管理模式会使国家脱离道德的轨道而产生一系列的罪恶。因此,梁漱溟认为,"中体西用"并不适合中国的发展。

梁漱溟作为现代新儒家,对传统文化有深厚的独特见解。他从中国传统文化楔入,努力寻求一条适合中国具体国情的发展道路。经过长期的研究,梁漱溟在中国源远流长的历史长河中再发现了乡约思想。乡约思想演绎出的具体约束模式符合中国国情,且根植于中国传统文化,十分符合民国时期中国社会发展需要。纵观历史,中国古代社会曾经有许多政治家或文人士绅就提出用乡约思想来管理百姓、安定农村,并且备受历代统治阶级的推崇与赞赏。

乡约是旧社会乡村的一种制度,村民之间为了相互救济、共同发家致富,实现和谐共处、安定团结的有序局面,过上幸福美满的理想生活,因而制定了共同遵守的约定,简称乡约。这种以诚相待、以礼相交的思想,强调自律,又不排斥他律,在梁漱溟看来是最适合中国农村的发展了。而当时中国处于内忧外患、灾难深重的危急时刻,要走出封建统治者剥削、帝国主义侵略的牢笼,就必须从农村开始、从最基层开始实施变革。

---

① 最早出自张之洞的《劝学篇》(1898年发表),1931—1937年《乡村建设》多次引用并部分转载。

　　山东乡村建设研究院就中国传统文化乡约思想,开始了对乡约思想的进一步研究探讨。梁漱溟在《乡村建设理论》中谈到,乡约是本着彼此相爱惜、相勉励、相规劝的意思;地方所推行的自治法规则是等你犯了错就送去官办,送官办之后,是怎么处罚一概不管,官办对于乡里子弟毫无爱惜之意;这种办法很容易把人们爱面子的羞耻心失掉,对于以后将更为不好①。乡约强调以礼俗代替法律,强调自律而不推崇他律,主要依靠广大村民自觉遵守相互之间制定的各种规范,相互帮衬,并逐渐养成这种"新政治习惯"。乡约崇尚文化修养教育与养成,重视民众的自醒自觉,而且充分尊重底层民众的人格,这种新的文化运动和社会运动,"为乡村人民根据自己的意见,整理自己团体的建设事业"②。乡村建设运动的乡约思想与历史上一般士大夫的立场大相径庭,其最大特点是将旧中国处于最底层的广大农民的政治地位大大提高,极大地提高了广大农民积极投入生产斗争及参与社会管理的主观能动性,大大提高了劳动生产率,促进了人类社会大踏步向前发展。梁漱溟所倡导的这一乡约思想也大大促进了广大农民积极支持和参与乡村建设运动。梁漱溟倡导的乡约思想的另一特点就是注重教育培养农民,不仅注重培养农民的生产及劳动的技能,还注重培养农民的新习惯、新能力③。总之,乡约思想的形成与发展,是梁漱溟在积极推进乡村建设运动、引导中国广大劳动人民积极参加强国富民的乡村建设运动、构建新的社会体系过程中,尊重中国传统文化的指导

---

　　① 　中国文化书院学术委员会:《梁漱溟全集》。
　　② 　茹春浦:"关于区乡镇自治公约问题之讨论",《乡村建设》1932 年第 2 卷第 4 期,第 12 页。
　　③ 　中国文化书院学术委员会:《梁漱溟全集》。

思想的一次伟大胜利,极大地促进了中国社会大踏步向前发展。

2. 乡村自治思想

在乡村建设运动中,受梁漱溟的乡约思想的积极影响,邹平县的整个行政管理系统也随之实行了改革,以适应梁漱溟的乡约思想的推进。在此管理背景下,教育就显得尤为重要,因此邹平县的政管理系统中加强了教育及教育部门的地位,以教育力量代替了行政力量,实行了机关教育化,相应的机构也实行了对应的变更。这一重大举措旨在培养和训练乡村自治组织的能力,以期实行乡村自治。事实证明,梁漱溟的乡村自治思想,十分符合民国时期中国的具体国情,积极推动了乡村建设运动快速向前发展。

在乡村建设研究院对整个行政管理系统进行调整后,民间自发成立了一些机构组织,旨在培养广大村民的团体意识和集体精神,加强广大村民的伦理道德精神。如:"忠义社"和"乡村改进会"的成立,改进民风民俗,破除了一些陈规陋习,如禁毒、禁赌、禁缠足、禁早婚、防土匪等。有些村庄的协会还移风易俗,把道德劝诫编成歌谣。经过几年的努力,实验区基本根除了赌毒,破除了一些陈规陋习,乡村面貌为之一新。

在民国时期的中国,匪患四起,农业生产活动常常受到周围土匪武装和山贼的骚扰。乡村建设研究院主张建立一支强大有效的乡村武装队伍,既可把当地一些有枪的帮会组织起来,使他们不至于侵民扰民,不使其成一害,给他们以有效的开导,指导他们的方向,从而避免被人利用;又可防止他们的势力扩大,酿出祸患。越是愚昧的乡村武装,越容易被人所利用。把这些武装在当地改造成为一支有效的执法队伍,有利于消灭鸦片之害、整顿乡村面貌、树立良好风俗,进而达到乡村自治的作用。

在乡村建设运动中,在梁漱溟以挖掘中国传统文化为核心价值的指导思想的倡导下,乡村建设运动迅速发展壮大,硕果累累。农民自觉,乡村自救,那么乡村的事情才有办法;因此我们说乡村建设最要紧的第一点便是农民自觉。[①] 梁漱溟还主张不仅要尊重中国的传统文化,还要吸取西方的民主和科学思想,将中西方的各种思想融会贯通。"当中国精神和西洋精神二者协调时,就是一种新社会的实现,同时也是人类的一个新生活。"这也和乡村建设运动旨在构建一个新的社会管理体系的观点是相吻合的。

3.乡村合作思想

中国的根在农村,只有农村经济发展了,物质文明提高了,国家的整体经济状况才能真正得到改善。农业是其他行业发展的基础,为其他行业提供了原材料和粮食,也是整个国民经济的支柱。梁漱溟先生认为:农业从来都是受着资本主义的桎梏,因此,农业出路只有合作。梁漱溟认为:合作既异乎所谓个人本位,亦异乎所谓社会本位;恰能得其两相调和的分际,有进取而无竞争;背此道而行,自无偏欹的结果,并不是利于农业者,又将不利于工业。唯有农业工业自然均宜的发展,才能开出正常形态的人类文明;此由乡村开发出来的文明,一切既适于都市文明的国家大都容易去成就它了;只有中国人尚未能走上一条路,前途可有此希望。[②] 产业的合作能够使农业改变其单一的发展规模与单薄的产业模式。

1932年,山东乡村建设研究院在邹平实验县提出了农村经济合作社的思想。按照梁漱溟的定义,所谓农村经济合作社就是把

① 中国文化书院学术委员会:《梁漱溟全集》。
② 同上。

零散的、各自谋生的农民组织起来,培养他们的团体精神,以共同发展。成立农村经济合作社十分利于组织大规模的生产运动,利于生产发展就促进了规模效益的形成,形成"大家齐心向上,好学求进步"的理念和体现"团体组织、科学技术"。① 在乡村建设的许多方面需要合作,乡村有了组织,大家聚合成一气,农业改良推广的工夫才好做,有的是需要大家一齐动手,有的是一家两家就不能办,必得联合举办②,因此,通过合作共进,以克服过去一家一户的分散经营模式,增强了乡村集体抗风险的能力,将损失降到最低,因此深受群众的欢迎。

农业不仅为城市的发展提供了粮食和工业生产的原材料等物质保障,也提供了充足的劳动人口。农业虽不是发财之路,却是养人之路,尤其是从合作发达起来的农业,必将是养济大众的一条大道。

4. 乡村教育思想

在乡村建设运动中,梁漱溟十分注重对处于社会最底层的广大劳动人民的教育问题,不仅教育他们识字、学会掌握使用现代化的新农具新技术,还教育他们加强中国传统文化学习,批判接受西方先进思想,并融会贯通,将不同的文化及先进科学技术用于生产和生活。梁漱溟认为,要彻底解决中国的深层次的问题,就必须立足中国的乡村,从传统文化入手,加强教育,以此来推动乡村建设大力向前发展,从而得以构造新的社会管理体系。"中国所有文

---

① 中国文化书院学术委员会:《梁漱溟全集》。
② 同上。

化,多半从乡村而来。"①所以,梁漱溟认为"乡村建设最重要的就是乡村教育","应毫不含糊的走民众教育途径"。②

梁漱溟认为乡村最大的病症是"愚蔽",而教育则要以"民众教育为先,小学教育尤在其次"③。都市中就业过剩的知识分子应该走进农村,帮助农民提高文化水平和思想认识,而这些知识分子只有到了农村才有可能最大程度发挥自己的价值,施展自己的才华。他们到农村去,不仅可以教会农民识字,更重要的是可以教育农民怎样去认识新的外面的世界,为他们更好地接触新事物打好基础。农民在晓得事理的同时,也认识了字,能把自己的所思所想用文字记述下来,是个非常大的进步,因而这是一件很了不起的事情。农村基础教育的推广,需要不断扩大的识字人口,需要他们相互学习与影响。如果有可能,这些人也可以为农村建立起师资队伍,并且帮助农村谋划建设事业,这就如同为乡村增添了"脑筋"。

"此刻的中国,自然的要着重民众教育,或者说社会教育。这种民众教育或社会教育,就是乡村建设。中国的广大民众多在乡村,因此民众教育就是乡村社会教育。中国是个乡村社会,因此乡村教育就是乡村社会教育,这种教育是很活,很切合具体实际的教育,此教育即乡村建设。"④因此,乡村教育不但关乎中国农村的发展,更是整个社会发展的关键,是整个民族发展的根本所在。

在实施和推广基础教育的同时,把乡俗教化纳入教育体系,在

---

① 梁漱溟:"乡村建设理论",《乡村建设》1935 年第 5 卷第 1 期,第 5 页。
② 梁漱溟:"民众教育何以救中国",《乡村建设》1934 年第 4 卷第 7 期,第 2 页。
③ 中国文化书院学术委员会:《梁漱溟全集》。
④ 梁漱溟:"社会教育与乡村建设之合流",《乡村建设》1934 年第 4 卷第 9 期,第 5—6 页。

提高他们的认知能力的同时,还让他们知道怎样去做,而不是空认得几个字了事。因此,制订新的乡约,让广大村民接受更为科学合理的乡俗教化尤为重要。同时,还要提倡合作与共享,而不是消极地疏离散漫。在农村,几乎所有的乡村都有着大同小异的乡约和宗祠,这都如法律一样有约束力和威严。因而在基础教育中加入这些教育,必将产生积极的效果。有效地规划和组织这些教育资源,进而进行合理的利用,使农村的教育更快、更好、更有效果地开展。

第二节 《乡村建设》的创办始末与发行

一、《乡村建设》创办始末

(一) 创办

1930 年,河南村治学院因中原战争爆发而结束,韩复榘号召河南村治学院的人员聚集山东继续开展乡村建设运动。1931 年 6 月,山东乡村建设研究院于邹平县草创,《村治月刊》更名为《乡村建设》半月刊,其思想及宗旨也完全不同。

这本由山东乡村建设研究院《乡村建设》旬刊编辑室所创办的期刊的诞生,标志着乡村建设理论发展的成熟,点燃了中国农村向前发展的新希望。

《乡村建设》刊登了大量关于乡村建设的文章,梁漱溟一个人发表的文章就多达 49 篇。这些文章全面而又系统地阐述了推行乡村建设的各种主张。《乡村建设》广泛收集了社会各界人士关于乡村建设的观点,并利用邹平县做实验平台。研究院各部门分工合作,有条不紊地开展各项工作。研究部通过对乡村建设的研究,根据乡村实际情况,不断完善、改进建设思想,指导乡村工作。训练部在乡村建设思想的指引下,通过培训乡村工作人员,巡回指导工作,推广优良品种种植,提高了农业生产技术水平,从而提高了农村的社会地位,农民生活水平及地位也随之提高。

(二)发展

随着乡村建设运动的进行,《乡村建设》发展迅速,期刊内容也愈来愈趋于规范化,理论性加强,发行量大大增加,广受读者青睐。

1935年,研究部人员开始意识到读者对关于乡村建设思想、理论、学术研究、实际工作等各方面的理解越来越深刻,而前4年《乡村建设》杂志的内容日趋狭窄、缺乏理论深度,显然难以满足人们日益增长的需要。因此,从1931年8月第5卷第1期起,山东乡村建设研究院《乡村建设》编辑部改旬刊为半月刊,增加了期刊的内容,并加入了篇幅相对较长而学术性强的文章,旬刊编辑部也因此改为半月刊编辑部。从此,《乡村建设》就以崭新的面貌展现在广大读者面前。

《乡村建设》由原来的新闻类期刊上升为理论性期刊,是一个飞跃性的发展,而新增的一些研究性、学术性较强的文章也深受读者青睐,在社会上引起了轰动。其中以梁漱溟在1935年第5卷第1期中发表的"乡村建设理论"最为著名,引起了学术界的轰动,也唤醒了一批沉迷于"中体西用"思想的民国社会青年,加强了力图改变中国农村现状、救黎民于水深火热中的有志之士的信心,并掀起了乡村建设运动的高潮。

范云迁在"雷氏信用合作社与我国农村金融"中写道:"雷氏信

用合作社介绍到我国来,已有十数年的历史,发展于河北、江苏、山东各地方,以及于全国各处。以各地事业性质之不同以及政府提倡之缓急,而将雷氏信用合作社的形式分为数种,普遍于我国农村。一种是健全的雷氏信用合作社的组织,于个别地方发展。一种是雷氏信用合作社的预备组织,分别发展于各地方。此种预备式的雷氏信用合作社,以农村需要的程度,及政府促进的结果,产生三种不同的雷氏信用合作社的预备社出现,即农村合作预备社、农村互动社、农村借款联合会。"①该文论述了当时我国农村金融的性质,而且提出了在不同性质的农村金融基础上雷氏信用合作发展的不同,通过探讨雷氏信用合作社与我国农村金融的关系,进而提出了发展信用合作社、发展农村经济的全新主张。

《乡村建设》刚开始只在邹平县发行,发展到 1932 年,已在全国 6 个省市中有代售点。到 1936 年,《乡村建设》在全国 23 个省市出售,代售点多达 44 个。后来发展到在香港、澳门出售,进而向国外出售,譬如苏联、日本等。不管是在国内还是国外,对乡村建设运动的影响是显而易见的。

（三）停刊

1937 年 10 月,随着抗日战争的战火向山东蔓延,《乡村建设》半月刊编辑部在动荡中出版了最后一册《乡村建设》半月刊,即第7 卷第 4、5 期合刊。《乡村建设》第 7 卷第 4、5 期合刊的出版,标志着《乡村建设》长达 7 年旅程的结束。

抗日战争的爆发是《乡村建设》停办的直接原因。日本侵略军

---

① 范云迁:"雷氏信用合作社与我国农村金融",《乡村建设》1935 年第 5 卷第1 期,第 20 页。

一步步向乡村建设实验基地逼近,乡村建设运动出现了浮躁及不稳定因素,急躁冒进的情绪使得乡村建设运动日趋单一化。随着时间的推移,杂志的内容也越来越少,加上战争因素导致乡村建设运动实际参加人员越来越少。

1937 年日本发动了侵华战争,为了拯救处于水深火热中的国家及广大中国人民,梁漱溟作为国民政府高级参议,充当调停人,频繁穿梭于各地进行工作。繁忙的社交工作使得梁漱溟很少关注乡村建设研究院,减少了对乡村建设研究院的管理与控制。1937年,日本侵略者打过了黄河,梁漱溟正在南方参加国民会议未归,乡村建设研究院的善后事宜未能做好。日军入侵,韩复榘南逃,山东乡村建设研究院的乡村建设事业宣告结束。

研究院内部涣散,矛盾重重,而时局日益危急,研究院因失去了政府的支持而濒临倒闭。《乡村建设》也随之烟消云散。

(四)《乡村建设》的贡献

《乡村建设》出版的 7 年间,山东乡村建设得到了广泛的推广,对社会产生了一定的影响,对山东乡村建设运动的促进作用、对乡村建设的贡献是不可否认的。基于《乡村建设》杂志对乡村建设研究,乡村建设运动的发展得到了理论的支持,在乡村教育、乡村自治、医疗、经济发展和民众生活等方面都取得了较大成绩,简要阐述如下。

1. 乡村教育的推广

山东省所有乡村建设都特别强调教育在乡村建设中的积极作用,都积极发展乡村建设事业,以此作为从事乡村建设的基本手段。乡村建设研究院主办乡农学校,兴办乡村村学,教育厅推广全省的民众教育、乡村师范教育,尤其是邹平和青岛还利用政府的力量废除旧式私塾,取得了良好的成效,使得山东省特别是在实验区内的乡村地区,文盲率大大下降,识字率有较大提高。乡村建设者注重主办儿童教育、成人教育,这对于开启民智、普及现代教育、普及农村教育及推广现代技术有着积极的促进作用。这都有利于乡村由封闭落后的传统社会向民主科学的现代社会转变。乡村教育并未随着《乡村建设》的结束而消失,反而流传更广。

2. 乡村自治的建设

民国时期,乡村残破,贫穷落后,社会动荡,因此保卫乡村安全、建设自治乡村至关重要。经过《乡村建设》的大量倡导,中国各地方,如江苏、陕西、山东、河北等地的一些乡村都受其影响,不断改进乡村治安环境,加强自治。在众多乡村运动中,数山东乡村建设研究院的乡村自卫工作做得最好,尤其是在菏泽,竟然使土匪绕城而走。在许多乡村中,建立起了自卫武装队伍,这些自卫队不但保护了本村,还在抗日战争中担负起救国救民的重任。

3. 医疗卫生水平的提高

《乡村建设》通过大量的社会调查发现,乡村中的医疗卫生条件是极其恶劣的。山东乡村建设研究院在政府的支持下,引进了现代医学技术和理念,建立起现代卫生医疗体系。在邹平成立村—乡—县三级卫生医疗体系,聘请了齐鲁大学医学院的医生及上海的医生李玉仁等来坐诊,还开展接种牛痘等防疫工作。在公共卫生方面,积极推行灭蝇运动、开展整治集市食品卫生和公共卫生运动、对乡村公厕的建筑和卫生提出要求等。山东乡村建设既把现代的医疗及公共卫生观念带给人们,又在一定的区域内普及。

4. 经济的发展

经济发展是乡村建设的核心。《乡村建设》所刊登的一些工作报告显示,山东乡村建设各派都积极引进粮食、水果、蔬菜、家畜、农药等技术等,大大提高了农作物的产量,丰富了农作物品种,并兴修水利等基础设施,尤其以美棉种植推广最为出名。邹平县的孙镇成为棉花集散地,不仅棉花质量好,而且还远销淄博、青岛等地,给当地农民带来了经济效益。教育厅利用自己的教育资源,依靠乡村师范教育、民众教育,大范围、快速度推广农业畜牧良种等。同时,全国的合作运动也影响着乡村建设。合作运动分为农产品生产、运销、信用等合作社,出现在邹平、菏泽、济宁等乡村建设实验区中,大大提高了农民的合作意识,也对当时乡村金融枯竭有缓解作用。研究院主办合作社及各种团体组织,不仅提高了农民抵御风险的能力,对团体意识的培养也有积极的作用。

5. 民众生活更上一层次

《乡村建设》倡导移风易俗、民众教育、平民教育及夜校、合作运动、乡村自卫等,都使传统的乡民生活变得极其丰富,给民众生活带来新鲜气息。通过社会的舆论对于蓄辫、缠足、学而优则仕、私塾等旧习的摒弃,体现了农村社会的进步。乡村建设派的行动改变了农民的观念,影响深远。这些都使乡村民风发生了很大的变化,促成了传统农村、农业的转变,促进了乡村的现代化。乡村建设派的努力,使这一时期成为山东民国时期发展的鼎盛时期,为乡村建设赢得了声誉。

二、《乡村建设》发行总览

《乡村建设》自 1931 年出版以来,总共出版 7 卷,183 期。其中,旬刊 138 期,半月刊 45 期。

1931 年 8 月,《乡村建设》旬刊第 1 卷问世,每月出版 3 期,共 36 期。

1932 年 8 月,《乡村建设》旬刊第 2 卷开始出版。每月出版 3 期,共 36 期。

1933 年 8 月,《乡村建设》旬刊第 3 卷开始出版,每月出版 3 期,共 36 期。

1934 年 8 月,《乡村建设》旬刊第 4 卷开始出版,每月 3 期,共 30 期。1935 年 1 月、7 月停刊。

1935 年 8 月,《乡村建设》半月刊第 5 卷开始出版,每月 2 期,共 20 期。1936 年 1 月、7 月停刊。

1936 年 8 月,《乡村建设》半月刊第 6 卷出版,每月 2 期,共 20 期。1936 年 1 月、7 月停刊。

1937 年 8 月,《乡村建设》半月刊第 7 卷出版,每月 2 期,共 5 期。

第三节 《乡村建设》主题一览

一、《乡村建设》的栏目简介

《乡村建设》以乡村建设为中心,旨在改变农村落后的现状,统观《乡村建设》7 年所刊发的所有文章,其主要内容可大致分为以下 10 个版块。

（一）朝话

"朝话"作为《乡村建设》半月刊的开篇,是梁漱溟先生于1931年至1935年间与学生做朝会时的部分讲话辑录,大多以论述性语言来讲述社会上最近出现的一些新的观点、新的词语以及社会中人们对人生的态度,或对学生的日常生活而有所启发,或对学生提出的问题予以指点等。内容包括治学、人生、社会、修养、文化各方面的问题,大多以中国传统文化为基础,以道德为根基,引导读者对社会道德思想进行思考,逐渐加深读者对中国传统文化思想的认识。以"朝话"作为开篇,在改善人们的看法的同时,也可唤醒人们处在外敌侵略、统治者剥削却又无能为力的麻木之心,让人们更清楚地认识中国国情,也为读者阅读其他文章打下基础。

（二）论著

"论著"部分也称"专著论述",主要刊登一些理论性、研究性较强的文章,字幅较长,一般分期刊出。这类学术性强的文章,以乡村建设为主题,对乡村的金融、经济、教育问题进行研究,指出乡村建设中存在的问题与不足,点明今后乡村发展的方向。如刊登在《乡村建设》第5卷第1、2、3期的"乡村建设理论",由梁漱溟先生主笔,讲述了20世纪30年代的乡村状况、乡村建设运动的必要性,并提出了乡村建设的理论观点,指导乡村人们如何建设好新农村。

"论著"部分的文章一般刊登在《乡村建设》半月刊的第二部分,大多是由学术界知名学者主笔,如梁漱溟、吴顾毓、茹春浦等。有些半月刊则把这部分作为半月刊的第一部分,以理论开篇,大多从世情、国情入手,通过探讨时下中国社会的问题,映射出中国农村广大地区存在的诸多问题,让读者更加清晰地知道为什么要建设乡村、如何建设乡村。

（三）工作纪实

"工作纪实"这一版块，是在以邹平县为实验区后新增加的一个版块。主要是记录研究院试点的工作情况。并非所有半月刊都有这一版块，而是在有试点的那一时期才刊出。该部分以研究结果纪实为主，通过记录研究院的工作，方便后续检查。

（四）工作报告

"工作报告"是在每一试验结束或在各个地方工作告一段落后记述的。在这一版块中，有邹平县实验区进行试验的工作报告，有山东各地区开展活动的工作报告，也有山东乡村建设研究院的工作报告。"工作报告"这一版块也并非在每一期半月刊中都刊出，而是在每一项工作结束之后，作为总结性报告刊出，让读者了解本研究院的工作情况及效果，也有利于研究者对乡村建设的进一步研究，及时指导下一项乡村建设的工作。

（五）乡运通讯

"乡运通讯"在第5卷的期刊上被称"乡运消息"，两者的刊登内容与方向相同，从字面上可理解为乡村建设运动讯息，即国内各地区乡村建设运动的最新信息。关于乡村建设运动中各地区的不同做法都集中刊登在这一版块，不但能让读者更加清楚地知晓国内不同地区乡村建设运动的讯息，了解政府对地方的大的方针政策，也便于将不同地区进行比较分析，为山东乡村建设起到一定的借鉴作用。在这一版块中，除了让读者了解中国乡村讯息之外，也给乡村建设研究者提供研究资料，十分有利于研究者在研究比较工作中寻求更有利于乡村发展的道路。

（六）乡运者的话

这一版块主要是研究院工作者及社会各界人士对乡村建设运

动中存在的问题提出自己的意见和看法,或对乡村建设运动进行综合评述。

在"乡运者的话"这一版块中,研究者李学洵经过实地调查,发现当时乡村中存在最为严重的问题之一是毒品流行,诸如,鸦片、海洛因、金丹等毒品在乡村地区蔓延开来,而导致毒品流行的原因,李学洵认为是村民自甘堕落和政府法令失效。[①] 而针对乡村中存在的问题,研究者王枕心提出了几点意见,如建立完备的农事调查,建立以乡村自治机构为中心的农民团体,以"耕者有其田"为原则,制定稍有弹性的解决土地问题的各项法规及条例,确定乡村政权等。

"乡运者,是要在问题未发生之前作工夫,先要看到乡村的动向,来推转乡村,使乡村人自觉来共同应付问题,这便要成功一个有组织的团体。"[②]可见,"乡运者的话"在整个乡村建设中的重要性。

(七) 农村形态

这一版块主要是通过数据统计、实地调查以及近来某一地区出现的问题,进行综合概括,让读者更加清楚地认识到中国农村的状况。如"邹平县的农村经济概况"一文指出,由于广大农村地区经济状况较差,还处在自给自足的状态,基本没有商品流通,这就使得农村经济得不到发展,农村教育问题、农村医疗卫生问题等也相应出现。正确看清时下农村经济状况,看清农村形态,便有利于

---

① 李学洵:"乡村中的严重问题",《乡村建设》1936 年第 6 卷第 5 期,第 81 页。

② 同上,第 82 页。

农村问题的解决,有利于农村地区的发展。

（八）海外纪闻

在《乡村建设》的一些期刊版本中提到了海外纪闻,有两方面的内容,一是国外农事,二是国外民主院校的概括。通过引入国外农事的研究或观点,给山东乡村建设提供了借鉴,同时,也引进了国外乡村建设的农业技术。通过借鉴国外民众院校的建立制度,完善山东乡村建设研究院的秩序、制度。

（九）农村社会调查

农村社会调查,顾名思义,就是对农村社会状态,譬如农村经济、农村人口、农村文化水平、农村家族制度等进行实地调查。通过调查了解农村地区的现状,知道其存在问题,建立乡村制度,给农民提供生产、生活的需要,提高农民教育水平、生活水平。

（十）院闻

"院闻"部分主要是讲述山东研究院的事情,如招生问题、实验区问题、分院问题,让读者及社会各界人士更加深入地了解山东乡村建设研究院建立的目的、出版《乡村建设》的目的,也呼唤社会各界有志之士加入山东乡村建设研究院,为乡村建设尽一份力。

二、《乡村建设》的主题特色

乡村建设运动从农村实际出发,旨在改变农村贫穷落后的状态,提高农民的知识水平及生活水平,为国家的富裕、民族的独立而努力。《乡村建设》所探讨的乡村建设的主题特色主要有以下五个方面。

（一）以乡村建设为核心

《乡村建设》的对象是农民，以乡村为研究基点来源，故以乡村建设为核心内容。在《乡村建设》中，不管是经济类、教育类、文化类文章，还是理论性较强的学术类文章，不管是来自国外的翻译，还是来自其他期刊的转载，都脱离不了乡村建设这一核心内容。在《乡村建设》中，单就乡村建设的定义，就难免让人误解，有人认为只是一乡一村的建设，也有人认为是乡村经济的建设，其说法当然没有错，但是，在梁漱溟看来，却是狭隘了。因此，梁漱溟对乡村建设做了解释，乡村建设是以乡村为基点的救国救民运动，从范围上，乡村建设不但包括一乡一村的建设，还包括乡村以外的建设；从建设内容上，乡村建设不但包括经济的建设，还应包括政治、文化、教育、卫生等多方面的建设。

《乡村建设》立足于乡村，以乡村地区、乡村人民为对象，围绕乡村建设这一核心内容，就各地区乡村建设运动的发展情况，向读者展示了当时这场海外闻名的中国乡村建设运动。在乡村建设工作上，《乡村建设》除刊登各地区乡村建设者的工作实况外，因其以山东乡村建设研究院为依托，主要刊登该研究院的乡村建设工作实况，如邹平实验区合作事业、农场工作、菏泽实验区的发展、图书馆、卫生院等。

（二）以经济建设为基础

于鲁溪在"山东乡村建设研究院农场计划"中谈道，"乡村建设应以改进乡村经济为基本工作"[1]，即以经济建设为基础。即使到

---

[1]　于鲁溪："山东乡村建设研究院农场计划"，《乡村建设》1932 年第 2 卷第 3 期，第 11 页。

了生产技术较发达的今天,社会仍未进入大同时期,经济建设依然是各项工作的基础。经济基础决定上层建筑,在生产技术水平较低的民国乡村,更应以经济建设为基础。

整个乡村生活的改进工作,包括乡村经济的改进、乡村政治的改进、乡村教育的改进、乡村礼俗的改进等。只有"惟从我国近年来受贫穷饥荒之情形观察之,当以改进乡村经济为目前之急,且为建设乡村之基本工作"①。而改进乡村经济的方法,应以增加农业生产为目的,改进我国乡村建设经济的理论及方法。当时的政治家经济家多注意于分配方面,以为"必在平均分配之社会政策下,方可收绝大之经济效果",以为改进乡村建设的基本工作应先寻求农业生产的增加,如"生产方面尚无相当成效,则一切经济改进计划,皆不易顺利施行"。由此可见经济建设的重要性。

(三)以教育为手段

在《乡村建设》中,对教育的考察可以说是该期刊的一大特色。教育问题尤其是乡村教育问题,仍然是乡村发展乃至社会发展的需要。《乡村建设》中,对教育的研究,包括乡村小学教育、乡村成年教育、师范教育、继续教育、民众教育等。为了让乡村人民更好地接受教育,《乡村建设》把乡村人民按接受教育的年龄段划分,认为不同年龄段的人们所需要接受教育的程度各异。值得注意的有以下几点:

1. 在入学时期以前的儿童以及育儿室和幼儿园的候补生。

2. 在小学时期的儿童,年龄自 6 岁至 10 岁或 12 岁。对于这

---

① 于鲁溪:"山东乡村建设研究院农场计划",《乡村建设》1932 年第 2 卷第 3 期,第 11 页。

般儿童,应该注意识字和环境教育。

3. 识字以后,已经离开学校的一般少年中,升学的只有极少数人,多数都住在乡间过生活。他们所需要的,乃是继续接受教育。

4. 自12岁至25岁未曾进过学校的农民。这些人的第一个需要是识字,第二个需要是继续接受教育。

5. 25岁以上的成年人。在一个完整的教育程度中,对于一般年长失学的成年人也是不能忽略的。因为他们不但仍有受教育的机会,而且在此后二三十年中,将居于乡村中最大多数者的地位。他们所需要的是识字和继续接受教育。

6. 对于其他不识字的农民,应提倡民众教育。此后应当根据乡村生活的需要,予以继续教育上的注意。

而按照各个年龄段学习的内容不同,研究的范围各异,《乡村建设》关于教育的研究可分为三种类型:

1. 少年研究班:班员年龄自10岁至15岁,主要科目为农业知识和技术。这般少年,虽然还没有到受高等职业训练的年龄,但是他们却很需要识字和一种能发展他们乡村生活的教育。

2. 民生研究班:班员年龄自15岁至25岁,教材分三类:农业、家政和手工业。这是一般青年男女所需要的乡村职业教育。

3. 乡村领袖研究班:班员年龄在20岁以上,教材和上述"六项程序"的社会服务有关,目的在使一般乡村领袖知道怎样担任这一类的服务工作。

此外,可根据需要进行图影教育。"图影教育是民众教育的一种有力工具——无论对于继续教育或识字班。像幻灯片,活动影片,农业和其他展览会,和各种有益的表演之类,不但对于任何教育事业都有用,对于民众教育尤其有用。"①足以见得,《乡村建设》利用其优势平台,以教育为手段,大力发展乡村教育。

(四) 以知识分子为依靠

《乡村建设》中,不管是编者还是作者,在当时文化水平低下的乡村地区里,可谓都是乡村建设的知识分子。以知识分子为依靠,不但对《乡村建设》,而且对乡村建设运动而言都是十分重要的。

正是有了这一群乡村建设的知识分子,乡村建设运动才得以蓬勃兴起,《乡村建设》才得以问世,并成为当时学术界的重要期刊。知识分子,不是简单的《乡村建设》的编者、作者,更是乡村建设运动的脊梁骨、社会的中流砥柱。只有依靠知识分子,乡村才能建设起来,才能繁荣富强;乡村农民只有依靠知识分子,文化知识水平才能提高,乡村生产技术才能提高。因此,以知识分子为依靠,在过去、现在,甚至在将来,都是十分重要的。

(五) 以"政、教、富、卫"为主要内容

综合《乡村建设》所有文章,可见其主要内容大致有四个方面:第一方面,政。简单而言,就是政治建设。在乡村建设中,除了有政治建设、提高乡民政治敏高度的含义外,还囊括了乡约思想、乡村自治,也就是,寻求一种乡村人民共同遵循的社会秩序,在乡民自觉遵循秩序的情况下,建设自己的政治制度,即乡村自治。第二方面,教。顾名思义,就是教育的意思。教育,除各种乡村教育,如小学教育、民众教育、成年教育外,还包括学堂以外的教育,如科学教育、文艺教育、各种娱乐文化的教育。第三方面,富。不但是要富

---

① 侯子温:"基督教会的乡村运动",《乡村建设》1933 年第 2 卷第 17 期,第 46 页。

村,还要富国。这不由得让人想到经济建设,但经济建设只是物质上的富裕,《乡村建设》除推动经济建设外,还倡导人民在精神上富裕起来,提高文化知识,建立信仰,增强信念。第四方面,卫,即卫生、医疗、健康。鉴于当时乡村地区的卫生医疗水平低,广大乡村农民体弱多病,甚至是得一个小感冒就把命赔上了。因此,对于农民来说,健康就是一笔巨大的财富。"卫"除治疗上的含义,还有卫生防治、卫生教育的意思。也就是说,《乡村建设》提倡健康,不仅仅是在治疗上提高医疗水平,还教授乡民医疗卫生知识,使其防患于未然,更好地建设乡村环境。

第四节 《乡村建设》的编者与作者简况

一、《乡村建设》的编者

《乡村建设》系由《乡村建设》编辑部编辑出版,它所体现的各种思想及方法论也正是编者的心声。《乡村建设》杂志最具代表性,且贡献突出的编者共有四位:梁漱溟、于鲁溪、茹春浦、吴顾毓。他们的研究方向各不相同,专长各异,但都对乡村建设运动有着浓厚的兴趣、高度的热情及卓越的贡献。

（一）梁漱溟

梁漱溟,乡村建设运动的倡导者和践行者,任山东乡村建设研究院副院长,兼乡村建设研究部主任。梁漱溟虽然不是研究院的院长,但在山东建设研究院及整个乡村建设运动中起着至关重要的作用。梁漱溟在《乡村建设》中发表了 49 篇文章,系发表文章最多者。

1935 年,梁漱溟在《乡村建设》半月刊上发表了一篇名为"乡村建设理论"的文章,在当时引起了教育界的轰动,并被当时的学者认为是教育界最佳创造性之作,后来被扩展成书出版。《乡村建设理论》一书认为乡村建设要以教育改造为手段,通过重建社会组织来解决中国的根本问题,并由农业过渡到工业化,实现真正的民主现代国家。梁漱溟从中国源远流长的传统文化入手,用全新的儒家思想来拯救广大中国乡村。《乡村建设理论》出版后,唤醒了许多徘徊在中西文化之间的社会青年,使他们及更多的人关注中国乡村问题,并意识到要拯救中国必须先拯救中国的乡村。

梁漱溟除研究乡村建设问题外,还负责讲授他主编的《中国民族自救运动之最后觉悟》和《乡村建设理论》,把他救国救民的思想传播给了更多的人民。此外,梁漱溟还负责《乡村建设》半月刊的总编辑工作,并发表了"中国社会构造问题"、"中国之经济建设"、"我们当前的民族问题"、"村学的做法"、"中国民众的组织问题"等文章。他的文章都立足于乡村的长远发展,包括乡村教育、乡村卫生医疗等多个方面,而不仅仅是简单地研究一个层次或一个方面的问题。

(二) 于鲁溪

于鲁溪,山东省淄川县人,毕业于金陵大学农学专业。1931年,山东乡村建设研究院成立后,他担任农场主任。于鲁溪还曾任定县的平教会及河南村治学院的农场主任,对农业有着较深的研究。于鲁溪担任农场主任以后,精心研究农业经济发展情况,努力组织民生改进和推广良种实验,并取得巨大成绩。

"乡村建设应以改进乡村经济为基本工作:整个乡村生活之改进工作,固包括乡村经济之改进,乡村政治之改进,乡村教育之改进,乡村礼俗之改进等,惟从我国近年来受贫穷饥荒之情形观察之,当以改进乡村经济为目前之急,且为建设乡村之基本工作。"①可见,于鲁溪主张通过改进乡村经济状况来实现乡村建设。在他的带领下,乡村地区推广了纯种脱里斯美棉,自此之后,棉花的产量比未改良前翻了一番之多,所纺出的细纱也比改良前多十六支以上;在蚕的饲养方面,指导乡村蚕户改良蚕室蚕具,并提倡种蚕合作饲育,研究出了一些蚕病的防治方法,避免了缩症、空头症、卒倒症、微粒子症等脓病,大大提高了蚕的成活率,增加了茧的产量;在水利及农具的改良上,聘请专员从事新法掘井研究,发明了马拉抽水机,缓解了邹平县旱灾问题。②

于鲁溪作为山东建设研究院农场主任,一生致力于农业的改良,通过不断改进农业生产技术,大大提高了邹平县乡村人民的生产生活质量,发展乡村经济成果显著。

（三）茹春浦

"自治公约为区乡镇自治活动之重要根源,在认自治为依据于法律之组织体——即法律的自治论的一方面,当然同时认自治公约为自治组织之要案。即认自治为社会的自然组织体——社会的

---

① 于鲁溪:"山东乡村建设研究院农场计划",《乡村建设》1932年第2卷第3期,第11页。

② 于鲁溪:"山东乡村建设研究院农场四年以来工作之回顾",《乡村建设》1935年第5卷第4期,第17—38页。

自治论的一方面。"①因此,茹春浦在乡村建设方面的主要主张是:以自治公约来约束人民的行为,以自治公约来建设乡村,改善乡村的秩序。

茹春浦认为,"居于何种原因而成立自治公约,就是自治公约成立之根源。成立之根据与事实上的需要,其意义略有不同。由于主观上事实的自然之演进为事实之需要。由于客观上对于某一件事之认定,为成立之根源。进而言之,凡事实上之需要,产生于一般人之自由意志,为社会上之自然现象。而成立之根据,则需经过一定之手续与其制定之机关。换言之,事实之需要为事实问题,成立之根据为法律问题。法律问题严格论之,亦不能外于事实之需要,故成立之根源仍为事实之需要。"②可见,乡村自治公约是根据事实的需要而建立在法律之上的,自治公约也因此有了法制性。通过培养人民的自觉性,使乡村民众自行依据公约,遵纪守法,社会管理秩序井然。

在茹春浦所写的"介绍一个人民自动办理的县自治"一文中,谈到了河南镇平县办理的自治公约,非常成功。显然这种通过人民自觉的方式来办理乡村自治,不但是首创,而且是行之有效的。

(四)吴顾毓

吴顾毓,山东乡村建设研究院乡村建设研究院下辖的社会调查部成员之一,在邹平县实验区成立后,于1935年1月开始对邹平县进行了长达两年之久的户籍行政调查。吴顾毓对邹平县的户籍

---

① 茹春浦:"关于区乡镇自治公约问题之讨论",《乡村建设》1932年第2卷第2期,第9页。
② 同上。

行政调查研究的结果反映出当时中国乡村的户籍基本概貌,即当时的户籍管理是科学合理的,不仅有利于当时的乡村建设,对现今的"三农"建设及城乡统筹也起到了借鉴作用。

在1937年9月出版的《乡村建设》半月刊第7卷第2、3期合刊中,有吴顾毓编的邹平县户籍行政调查及其统计,该半月刊详细记录了调查过程及其调查结果。而在1935年8月《乡村建设》半月刊中发表的"邹平县户籍行政之概貌"一文中,则详细介绍了邹平县的户籍事务人员、户籍行政系统及协助机构。

二、《乡村建设》的作者

自《乡村建设》出版以来,有一批社会中的先进分子致力于乡村建设研究,用他们的思想来唤醒一批批有志青年。因为他们的努力,乡村建设运动才得以发展起来。简要列举如下。

（一）蓝梦九

蓝梦九,1901年(清光绪二十七年)7月12日出生于今蓬安县河舒镇,1953年4月19日逝世于西安市西北大旅社。

蓝梦九认为:"欲使中国富强,必须发达中国的产业,欲发达中国的产业,必先改进中国的农业,改进中国的农业,除用机械与科学方法外,别无他途,但用机械与科学方法,非赖合作社不可。"[1]蓝梦九一生致力于农村事业的研究,主张通过乡村合作来实现农业机械化、科学化发展,进而改进中国的农业,发展中国的诸多产

---

[1] 蓝梦九:"中国农村中固有合作雏形的记载",《乡村建设》1932年第2卷第2期,第1页。

业。"农业与工业是人类利用自然并征服自然的两大工具,此两大工具生产效率之合力,直接与人类社会进步成比例,故农业化工业化务求其能在同一方向作等速度的发展,使形成合力之际,各单力俱无所抵消,以益增大其效果。机械的发明,提高了农业与工业向自然进取是能力,但是因为资本主义的关系,机械变成了分割农业与工业结合纽带的利器。"①在资本主义体制下,机械化会分割农业与工业的合力,因此蓝梦九反对"中体西用",主张剔除资本主义体制,通过乡村合作来发展机械化农业,使农业与工业共同发展。

(二) 王枕心

王枕心(1897—1867),江西永修县人,1915 年加入中华革命党。1932 年回到江西,从事乡村建设工作。

在王枕心看来:"农村是一个社会,当然需要领袖来做动力,然后农村才能活动。但是领袖不能离开群众的,并且需要深入群众,离开了群众是不能称其为领袖的。"②所以,他认为乡村建设运动的领袖,有三大使命:一是要引导农民向光明之路前进,二是要深入农民群众中去联络农民、组织农民有效地开展乡村建设,三是要为农民谋各种生活之改善。在对人方面,王枕心提出了两点,一要诚实,二要态度恭谦。只有这样,才能真正地走到群众中去,更好地做好乡村建设工作。

作为江西乡村建设者的他对乡村建设运动也颇有自己的看

① 蓝梦九:"中国农村中固有合作雏形的记载",《乡村建设》1932 年第 2 卷第 2 期,第 1 页。

② 王枕心:"农运领袖的责任与自备的条件",《乡村建设》1936 年第 6 卷第 3 期,第 61 页。

法。"1. 建立完善的国省县农村金融机关的组织系统;2. 建立完备的农事调查、研究、实验、推广机关的分布网;3. 建立以乡村教育为中心的农民团体,为负责者的农业推广制度;4. 以耕者有其田为原则,制定稍有弹性之解决土地问题的各项法规及条例;5. 建立有系统的普遍的各种合作网;6. 确定乡村政权,以从事生产之农民为主体之农村自治办法;7. 实行从事生产之抽丁入伍,人人皆兵,彻底废除无业雇佣是警察保卫等团队;8. 从教其所需所好的生计教育及娱乐等入手,促成国民常识与公民常识之普及;9. 农村指导人员之训练。"①

（三）杨效春

杨效春(1895—1938),又名兴春,义乌柳村人。师承陶行知、晏阳初、黄炎培、梁漱溟,不仅具有渊博的教育理论知识,也有丰富的实践经验,为现代著名的教育学家。

杨效春认为,乡农学校有其独有的特点,它的主要教育对象是成年农人,而不是泛泛的乡人或乡村民众;它主要的教育宗旨是在推动整个乡村社会,不在仅仅教导个别的农民。"乡农学校是为乡村各种程度,各种职业,各种年龄的人而设的学校式和社会式的各种需要的教育组织。"②1933 年 2 月,杨效春编写了《乡农教育服务指导大纲》,旨在推进实验乡民众教育。

（四）徐宝谦

徐宝谦(1892—1944),浙江上虞人。从北京税务专门学校毕业后,于 1921 年被选送去美国进修。回国后在燕京大学任教。

---

① 王杭心:"对于农村建设的意见",《乡村建设》1936 年第 6 卷第 5 期,第 82 页。
② 杨效春:"乡农教育的释义",《乡村建设》1932 年第 2 卷第 9 期,第 2 页。

作为基督教的信仰者,徐宝谦在信仰和精神方面相当关注,在其"乡村建设运动的精神基础"一文中提到,精神是一件不易捉摸的东西,而且容易引起不同的意见,但是它的重要性和作用却是显而易见的,因此他提出了乡村建设运动精神的两点建议,一是要端正加入乡村建设运动的动机,二是要注意自己的态度与习惯。[1]

第五节 《乡村建设》的文献统计分析

经过对《乡村建设》的研究,发现其主要研究方向为乡村建设问题,特别是山东省的乡村建设以及山东乡村建设研究院的工作报告等。在邹平、菏泽、济宁等实验县设立之后,《乡村建设》除以往的一些乡村问题研究外,还增加了对这些实验区的工作纪实及工作报告,归根结底,都围绕着三个问题开展,一是什么是乡村建设,二是怎么搞好乡村建设,三是乡村建设给社会带来什么样的效果。

一、数据来源

《乡村建设》的文献统计时段是 1931 年 8 月至 1937 年 10 月,有旬刊、半月刊,共 7 卷,183 期。在有限资料统计中,即第 2 卷、第 4 卷、第 5 卷、第 6 卷及第 7 卷里,共有 550 篇文章。

---

[1] 徐宝谦:"乡村建设运动的精神基础",《乡村建设》1936 年第 6 卷第 3 期,第 59—61 页。

（一）《乡村建设》旬刊

从 1931 年 8 月到 1935 年 6 月，出版的《乡村建设》旬刊共有 4 卷，138 期。因为每月出版 3 期之故，该旬刊未设有固定栏目，对文章也没有格式要求，内容也比较杂。其主要内容包括八个方面：1. 评论；2. 关于乡村建设的理论；3. 乡村运动消息；4. 调查；5. 乡谚；6. 乡村文艺；7. 读者通讯；8. 国内外大事记。

经过对文献的统计分析发现，其主要研究的问题有农场的工作情况、图书馆概况、邹平县社会调查、山东乡村建设研究院人才培养、土地陈报及管理办法、乡学、乡村教育、乡村卫生医疗、各地乡村建设运动等。因历史已远，许多资料残缺，据现有资料统计，第 2 卷、第 4 卷共刊登了 260 篇文章，其中第 2 卷 139 篇，第 4 卷 121 篇，每期发表 5—8 篇文章，页数控制在 50 页内。文章类型有学术性的、有散文式、有乡村歌谣式的，规格不定，但都围绕着"乡村建设"主题。详细目录情况可见附录一。

（二）《乡村建设》半月刊

在本章第二节《乡村建设》的创办始末与发行中，笔者已提到《乡村建设》由旬刊改为半月刊的原因。自《乡村建设》旬刊改作半月刊后，其刊出的文章最大的特点就是理论性较强。大致也包括八个栏目：1. 论著；2. 译述；3. 专题讲述；4. 工作纪实；5. 工作报告；6. 乡运消息；7. 社会调查；8. 院闻。

经统计，《乡村建设》半月刊共 3 卷，45 期，涵盖了 268 篇文章，其中第 5 卷有 20 期，70 篇；第 6 卷有 20 期，186 篇；第 7 卷有 5 期，12 篇。从《乡村建设》的发展来看，第 5 卷之后，《乡村建设》半月刊已摆脱了以往东拼西凑的特点，已向版块清晰、章目明了发展，而这段时期的文章都有一个共同点，向理论性发展，旨在告知乡村

建设者如何建设乡村。而前期的旬刊中,主要是告知社会大众为
什么要建设乡村,表明乡村建设者的态度,并且设法呼吁社会上更
多的人来参与乡村建设。

二、统计分析

经过研究发现,《乡村建设》中对乡村建设的探讨主要集中在
教育问题、乡村公约自治、农业改进、生产合作、人口户籍管理、乡
运及乡运者等问题上。而对乡村教育的探讨最多,从 1932 年到
1937 年,关于教育问题的探讨多达 93 篇,乡村农业改进问题居其
二,乡村合作、乡运及乡运者次之。

表2-1　《乡村建设》主要探讨问题统计

	1932	1933	1934	1935	1936	1937	合计
教育问题	6	12	15	14	24	22	93
乡村公约自治	3	—	—	—	—	—	3
乡村改进	17	5	7	16	26	11	82
乡运及乡运者	8	6	7	6	7	2	36
乡村合作	1	1	1	10	13	12	38
人口户籍管理	1	—	—	4	1	—	6
其他乡村问题探讨	37	39	34	56	69	33	268
合计	73	63	64	106	140	80	526

附注:根据《乡村建设》1932—1937 年刊登篇数统计;由于 1931 年的杂志残缺
不齐,国内已无法收集到,加之 1931 年的杂志内容较少,故未纳入统计。

1. 乡村教育问题的探讨

通过发展乡村教育来建设乡村,是所有乡村建设者所认同的。
教育不管是在过去、现在,还是在将来都是至关重要的。当今世界
竞争激烈,关键在人才,基础在教育。"民众教育不在乡村建设上

做工夫,则民众教育必落空;乡村建设不取决于民众教育,则一切无办法。"[1]因此,教育与乡村建设相辅相成,"教育为立国之本"[2]。只有教育得到发展,文化得到普及,乡村才能发展。

由此可见,早在民国时期,人们就开始关注乡村的教育了,而历史发展到今天,乡村的教育问题仍然是人们谈论的热点。而与现在不同的是,民国时期,人们更加关注的是成年教育问题。这是由当时的国情所致。20世纪二三十年代,中国是西方帝国主义垂涎的一块肥肉,中国陷入了帝国主义经济侵略与领土侵略的危机之中。当时社会上对西方资本主义制度已经不抱希望的有志之士,如梁漱溟,便提出了通过传统文化建设乡村、拯救中国的想法。这个想法得到了社会上许多人的赞成。国民自救,迫在眉睫,已经不能等到教育好下一代人来救国了,只能依靠当代的人们,因此开始了成年教育问题的探讨。加强成年教育,不仅仅是为了降低文盲率、提高乡村地区的教育水平,更重要的是唤醒社会上更多的人来建设乡村、救国救民。

当然,《乡村建设》杂志在教育问题上,除探讨成年教育外,还涉及乡学、乡村儿童教育、师范及乡农学校等问题。

2. 乡村改进问题的探讨

谈却教育问题后,如何去发展农村经济,引发了社会中各界人士的种种观点,有人主张工业带动农业、农业促进工业,有人主张发展特色农业,有人主张集体经济,有人主张出口拉动经济。不管

---

① 中国文化书院学术委员会:《梁漱溟全集》。
② 宋紫云:"中国农村改进问题",《乡村建设》1932年第2卷第2期,第15页。

人们的主张如何,农业改进是众多观点的关键。

　　民国时期的中国,农村贫穷,生产技术落后,这是众所周知的。发展农村经济,就必须要改进农村,改进生产工具,改进粮食品种,改进土壤,改进生产时序,改进生产技术等。不管是农业生产,还是乡村卫生环境,都是人们在乡村改进问题中谈到的话题。也就是说,在国内外形势如此紧张的时候,政府也无暇顾及乡村地区,致使乡村地区成了一个迫切需要改进的烂摊子。

　　在《乡村建设》中,对乡村改进问题的探讨有83篇之多,而仅在1936年,在国情日趋严峻之时,就有26篇谈及乡村改进问题。换而言之,乡村改进问题已经被有志于救国救民的众多有志之士所关注。"中国本为农业国,除极少数之城市外,所有领土概属于农村,论人口,中国农民占全国人口百分之八十五,论政权,民主国之政权操于人民,中国人民以居乡业农者为多,是以中国农村之地位极其重要。"①由此看来,对乡村的改造极为重要。通过乡村改进来提升中国的社会地位,在许多人眼里,犹如黑夜里的一盏明灯。

　　由此可见,不管是在国家危难时刻,还是风平浪静的今天,乡村改进问题,关系乡村经济的问题,也关系农村地位问题,更关系农民地位问题。因此,通过乡村改进来提升农民地位,未必不是一个好的选择。

　　3. 乡村合作问题的探讨

　　"合作"这两个字,在生活中随处可见,可是"合作"放在乡村建设中就别具一番意义了。自1935年起,乡村合作备受社会各界的

---

　　①　宋紫云:"中国农村改进问题",《乡村建设》1932年第2卷第2期,第13页。

关注。而生产合作社,是乡村建设者提出的发展乡村经济长期有效的路径。

乡村通过生产合作,集体经营,共担风险,避免了零散经营带来的高风险。在《乡村建设》中,还探讨了在生产技术上的合作,如1932年蓝梦九刊登在《乡村建设》第2卷第3、4合期的"农业机械问题",探讨了通过乡村合作普及乡村地区机械化水平的思路。因为,单户零散的生产经营,不但风险过高,在技术应用上也存在困难,生产合作便能克服这些困难,从而真正做到以工业带动农业,使农业与工业协调发展。[①]

无论是技术的推广、机械的应用,还是农民的生产经营,都可通过乡村合作来实现其最大化。这就是人们对乡村合作的认同点。时至今日,合作的成效人人皆知,但乡村合作犹存欠缺。

---

① 蓝梦九:"农业机械问题",《乡村建设》1932年第2卷第3期,第1—4页。

第三章 《乡村建设》的乡村建设问题研究

第一节 民国时期的乡村建设

一、民国时期乡村建设理论缘起

（一）中国农村贫穷落后

20 世纪 30 年代的中国,生产力极其低下,天灾不断,国家政局混乱,匪寇骚扰,社会动荡不安。国际上,帝国主义国家经济危机时有发生,为了转移其国内矛盾以及抢夺原材料,纷纷把目标转向中国,加速了对中国的经济侵略。黎民百姓生活在水深火热之中,农民更是苦不堪言。

在广大乡村地区,还沿袭着几千年来的自给自足的生产生活方式。而当时的政府由于政局不稳,内部矛盾激烈,地方管理不当,急功近利,多数官员对农业的认识不足,而忽略了农业的发展。在农业生产方面,当时中国农业生产力水平低,生产技术落后,生产工具更新换代极慢,绝大多数乡村地区还采用着最原始的人力耕种的方法,刀耕火种是当时广大乡村地区最真实的写照。在生活方面,由于农业无法迅速发展,地主剥削严重,土匪骚乱,苛捐杂税繁多,农民食不果腹,饥寒交迫,生活苦不堪言。在文化卫生方面,由于农业生产、农民生活都无法得到保障,农民根本没有能力接受最基本的教育和医疗保障。在内外因素的压迫下,贫穷落后也是当时中国乡村地区最为真实的写照。也就是在这种情况下,乡村建设备受关注,而乡村建设理论构建是否合理、是否有效更是令人瞩目。

再加上,20 世纪 20 年代末 30 年代初,全世界范围内的经济危机不断加深,波及了当时还处于世界经济体系中弱者地位的中国。中国工商业不发达,科技水平有限,要想在国际市场上有一席之地,只能依靠落后的农业。中国的出口以农产品和工业原料为主,而进口的却是工业制成品,这种严重的进出口不平衡,使得本来就不堪一击的小农经济面临深渊。

由于农村经济的落后,乡村地区存在的各种不良现象不断暴露出来,如生活卫生不良、文化水平低和文盲充斥、科学技术不发达、生产工具落后、公德败坏、陋习盛行等。正是在这样的背景下,各种乡村建设运动风起云涌,救济乡村、改造乡村成为时代潮流。许多有志之士出于爱国热情,提出了实业救国、教育救国、科技救国等解救中国广大乡村的方案。中国乡村问题乃至中国社会问题,引起了广大人民的关注。

知识匮乏是农村贫穷落后的一大体现。因此,中华职业教育会"职业教育救国"的代表黄炎培指出:"现在我国的学校,百分之八九十都实施了职业教育,虽然,在全国的国民之生活之中,是属于城市生活的多些?抑或属于乡村生活的多些?我敢肯定百分之八九十属于乡村生活。我曾经思考过这个问题,我国正在盛行普及教育,如果要盛行普及教育,百分之八九十属于在乡村普及。即其所配制的设施百分之八九十应当属于乡村生活的教育需要。"①

乡村建设运动的另一代表性人物晏阳初认为,教育不但能够主宰国家前途命运,更是改造社会的重要手段。中国社会是个农业社会占主导的社会,乡村占全社会的比重较大,通过对乡村进行改造,以达到"民族再造"的效果。在他看来,中国农村问题,归根到底不外乎四个字,即"愚、贫、弱、私"。② 因此,他主张用四大教育来攻克中国农村问题,即文艺教育、生计教育、卫生教育以及公民教育,并根据实际情况,灵活多遍地采用"学校式"、"生活式"、"家庭式"这三种方式推动其教育发展。梁漱溟的相关观点十分独到,他认为"中国社会的问题不是什么其他的问题,就是文化失调的问题——严重的文化失调"③,要解决文化失调的问题"要靠乡村建设运动构建新的乡村文化礼俗,完全恢复伦理本位的社会秩序"④。

总而言之,中国农村的贫穷落后促使中国先进知识分子和有志之士不断寻求拯救中国城乡的发展道路,这也是乡村建设理论形成的根本原因。

(二)"中体西用"在有志之士心中的"破产"

旨在推翻旧的封建王朝统治、建立新社会的辛亥革命的失败,

---

① 中华职业教育:《黄炎培文选》,上海教育出版社 1985 年版。

② 晏阳初:《晏阳初全集》,长沙教育出版社 1985 年版。

③ 中国文化书院学术委员会:《梁漱溟全集》,山东人民出版社 1989 年版。

④ 张彬、李更生:"中国农村教育改革的先声",《浙江大学学报》2002 年第5 期。

促使广大爱国人士进行反思,努力寻求救国救民之路。在一些学者看来,西方资本主义制度并不适合中国社会的发展,因为"我们所受的近代教育,多是西洋式教育,多是西洋式的,从欲望出发的,使人求之于外,处处以享受为目的,无形中把我们变成了自大,傲慢,狭隘的青年,不从消极方面勇猛作番克治的工作,这件伟大的事业——乡村建设运动,实在不配谈"①。可见,自大傲慢狭隘的人空谈乡村建设运动,既无补于事业,又耽误自己一生。民国时期,许多学者开始意识到,西方教育、西方思想侵蚀中国文化的不可取之处,"中体西用"的思想也逐渐消退,濒于破产。

20世纪30年代,乡村建设运动的声浪,已渐渐地振荡起来,人们的视线也渐渐由都市回转到乡村。许多头脑敏锐、思想深沉的先知先觉者,经过了不少的怀疑与苦闷,都已觉悟了,"中国模仿西洋的未必有成就"。而"我们社会组织的机构,既自有其树立之道,我们民族前途的开篇,也自有其应循之辙。即所谓人类正常文明的创造"必须从"这三十万个乡村做起",并靠"此百分之八十五的农民自动肩负起这个责任来"②。

在当时,有一些学者犹作其景慕西洋把戏的迷梦,欲想搬弄过来改造中国,不了解自己,也不了解人家,然而这是无足顾虑的。因为"模仿西洋的潮流此刻还在奔腾澎湃,不可遏止,但将来走来走去,走到路绝途穷大碰钉子的时候,自会觉悟到模仿的错误"。因此,仲安在"乡村运动与乡村运动者"中提到,"我们乡村运动者,

---

① 清居:"给乡村建设运动者之第二封信",《乡村建设》1932年第2卷第3期,第33页。

② 仲安:"乡村运动与乡村运动者",《乡村建设》1932年第2卷第9期,第8页。

刻下只管耐着心沉着气,向我们正确的目标奔去,既不亟亟的求见速效,更不必亟亟的求人了解,将来乡村运动的前途,总会有开发扩展的日期"①。

1932 年,许多学者开始关注中国将要走的路,而"中体西用"显然是无法拯救中国于水深火热之中、解百姓于倒悬的。而乡村建设的兴起,给乡村农民带来了希望。山西、湖南及江浙一带,设立了诸多乡村改进的机构与学校,研究乡村建设的理论方法,或下乡与农民接触,进行试验。有一些教育、政治、经济以及社会学者,在研究乡村问题如乡村教育、乡村自治、乡村经济、农民问题等。"他们都已转换方向,对着改造乡村,建设乡村下工夫。现在流行的口号:有所谓'到乡间去''唤起农民'等,这岂非中国民族前途的一线曙光吗?"②"中体西用"思想的破产使得广大人民开始重新思考新出路,这正是乡村建设理论的思想基础。

二、民国时期乡村建设理论流派

乡村建设者们有着不同的政见、背景及方法,在乡村建设运动中形成了许多不同的派别。经学术界认真考察归纳和分析总结得出,在乡村建设运动中,比较著名的派别有:1. 主张"村治"建设的"村治派"、主张教育建设的"中华报派"和"平民教育派";2."职业教育派"和"教育改进派";3. 以梁漱溟为代表的"乡村建设派";

---

① 仲安:"乡村运动与乡村运动者",《乡村建设》1932 年第 2 卷第 9 期,第 8 页。

② 同上。

4.以卢作孚为代表的"经济建设派"等。笔者认为,按乡村建设者的背景、立场、性质、主张等的差异,可将乡村建设流派简单归纳为村治派、乡村教育派、乡村建设派、乡村经济建设派四大派系。具体阐述如下。

（一）村治派

1904年,河北定县的米鉴三、米迪刚父子在河北定县翟城村创办的"村治",这可以说是乡村建设最早的开始。米氏家族原是翟城村的一个名门望族,由于长期受到当时推行"新政"的影响,加上米鉴三在乡试落第,所以米鉴三拒不让其子米迪刚再参加科举考试,两人决定在家乡致力于经世之学,开始推行"村治"。米氏认为全国复兴的基础应当是加强乡村机构。他们认为说:"夫农村亦至不一也,然欲至不一中而求其一,以谋整齐划一之方,为国家树富强之本,为社会造大同之基。约言之,则不过两条:其一则内地旧有农村之整理;其二则边荒新农村之创建而已。"①他们所维持的"旧有农村之整理",实际上就是维持乡村原有的封建土地制度不变,而所谓"边荒新农村之创建",则是借"酌采古代井田成法"之名,以避免阶级矛盾和社会不公。米氏的村治主张,深刻影响了之后的乡村建设运动。因此形成了以彭禹廷、梁仲华、王鸿一、米迪刚、米阶平、王怡柯、伊仲材为代表的"村治派"。

梁仲华,原名梁耀祖,由于其政治敏感度高,成了村治派极具代表性的政治人物。1931年,山东乡村建设研究院成立后,梁仲华成为山东乡村建设研究院的首任院长。而《乡村建设》旬刊创办之

---

① 瞿韶华:《中华民国史事纪要》,台湾中央文物供应社1992年版,第77页。

时,刊名由他题字,可见其在山东乡村建设研究院的重要地位。这都使得村治派成了山东乡村建设研究院的基础,在山东乡村建设研究院成立之时在政治形势上占据了有利的地位。随着时间的推移,梁漱溟的乡村建设理论的影响越来越大,这一派别在山东乡村建设中的地位逐渐削弱。

（二）乡村教育派

20 世纪 30 年代,当乡村建设运动兴起之时,各种乡村建设团体风起云涌般在中国大地上出现。据统计,到了 1934 年,全国乡村建设团体达六百余个,这些团体在全国各地建立的乡村建设实验区、实验点一千余处。① 其中主张通过教育来发展乡村建设的团体主要有:晏阳初领导下的中华平民教育促进会,陶行知领导的晓庄师范学校,黄炎培领导的中华职业教育会等。这就形成了以晏阳初、陶行知、黄炎培为代表的乡村教育派。晏阳初为该派的主要代表。

乡村教育派认为,要解决中国的问题,首先要解决"人"的问题。因此,乡村建设的重点应该是教育。该派主张教育是建设的根本,必须以教育推进建设,因为"一项改革计划,如果强加于人民,而没有他们的参与,注定是短命的。只有人民创造了新的思想意识,乡村建设才能实现。而新习惯、新技能,又只有通过四个方面的教育计划渗入他们的生活中,才能获得"②。可以见得,乡村教育派对乡村教育的主张是非常明确的。

晏阳初提出的四大教育,是建立在对中国农村问题的总结基

---

① 刘重来:"民国时期乡村建设运动述略",《重庆社会科学》2006 年第 5 期。
② 张霞:《民国时期"三农"思想研究》,武汉大学出版社 2012 年版,第 247 页。

础之上的,他认为中国广大的农民普遍存在"愚、贫、弱、私"四大病害,鉴于此,他提出了四大教育,用以解决乡村中存在的四大病害,即解决"愚"的文艺教育,解决"贫"的生计教育,解决"弱"的卫生教育,解决"私"的公民教育。通过四大教育可以培养农民的知识力、生产力、强健力和团结力,从而达到建设乡村的目的。于是,1926 年,在晏阳初的号召及带领下,一批致力于乡村建设的有志之士及其家属来到河北定县农村安家落户,并开始了乡村建设运动。1932 年,晏阳初在国民政府的支持下和美国财团的经济援助下,把"定县平民教育试验区"改为"河北县政建设研究院",仍以定县为试验区,该试验区改称"县政建设试验区"。后因日本帝国主义的侵略而被迫搬至四川,在硝烟战火的蔓延下,晏阳初仍不忘乡村建设,在四川继续开展平民教育与乡村建设运动,并创办了中国教育史上第一所为乡村建设培养专门人才的高等学校——中国乡村建设院。

（三）乡村建设派

乡村建设派,以梁漱溟为此派别的代表性人物。

乡村建设派乡村建设的总体思路是:通过救活旧农村、开拓新道路、创造新文化,从而建立新的社会组织构造。其中,梁漱溟对乡村建设的贡献最大,他的乡村建设思想是关于实现中国现代化的思想,他的乡村建设理论是关于中国社会的全盘考虑和关于乡村建设的整体设计。他的设计是以乡村为根本起点,进而实现中国的现代化。

1931 年,山东乡村建设研究院成立后,梁漱溟任研究部主任,兼给学生授课,是《乡村建设》的主要编者和主要作者。他通过山东乡村建设研究院这一平台传播其思想,以广大乡村农民为服务主体和改造对象,并以乡村组织为乡村建设的基本条件。例如,他提出了乡约思想,并举办乡农学校;在乡村经济建设方面,他提出了由农业引发工业的道路。因此,不得不称梁漱溟为乡村建设派的灵魂人物。

乡村建设派的乡村建设思路不局限于重点建设乡村的某一方面,而是立足于社会的整体;不局限于简单地建设乡村,而是提升到救国建国的高度上。从整体上出发,深入剖析了中国乡村社会,认识乡村问题,提出了一系列解决乡村问题理论。因此,在当时,乡村建设派的思想和做法为众多人所接受。在邹平实验区内,按照其思路建设乡村,并取得了一定的成就。

（四）乡村经济建设派

乡村经济建设派,以卢作孚为其代表。卢作孚提出,乡村建设的宗旨是谋民生、保民享。主张以经济建设为中心来推进乡村现代化建设,这是不同于乡村教育派和乡村建设派的地方。卢作孚不仅从理论上全面阐述了以经济建设为中心的必要性,在乡村建设的实践中更是以经济建设为中心来加以推进。

他在北碚建立了铁路公司、煤矿、织布厂和水电厂等实业,在经济建设的基础上创建了各种文化事业和社会公共事业。这种以经济建设为中心的乡村建设运动,是符合经济基础决定上层建筑这一历史规律的。卢作孚的乡村经济建设富有成效,四川北碚就是乡村经济建设成效显著的一个表现。在经济事业上,卢作孚在四川北碚建设各类实业;在文教事业上,建成了各类学校、图书馆、博物馆等。

卢作孚一生著述较丰,早在1925年,卢作孚为探讨并宣传其提出的乡村建设构想,著有《两市村之建设》一书。此后,他又陆续撰写了一系列探讨乡村建设的重要著作,如《乡村建设》、《四川嘉陵江三峡的乡村运动》、《四川人的大梦其醒》等。可以说,卢作孚不仅是乡村建设的理论家,还是乡村建设的实践家。以其为代表的乡村经济建设派,在经济建设上的建树,是其他派别不可媲美的。

第二节 《乡村建设》中乡村建设基础理论问题的研究

一、对民国乡村建设基本定义的考察

从狭义上来说,所谓乡村建设,就是建设乡村,繁荣乡村,解决中国乡村民生问题,提高乡村农民文化素养。从广义上理解,这里的"乡村"实际上是指整个中国,故此,在梁漱溟看来,"乡村建设,实际上不是单指建设乡村,而是指整个中国社会的建设,或者说是一种建国运动"[1]。

梁漱溟认为,中国问题与其说是政治问题,不如说是文化问题,只有先实现文化的现代化,才有可能实现社会的现代化。因此,梁漱溟坚持在中国传统文化的基础上,批判对待西方近代文化,取长补短,并根据中国具体国情开拓创新,改造旧文化,创造新文化,梁漱溟的所谓乡村建设,也是其所谓中华民族复兴运动。[2]

---

① 梁漱溟:"乡村建设理论",《乡村建设》1935 年第 5 卷第 2 期,第 1 页。
② 梁漱溟:"为编制《由乡村建设以复兴民族案》致庄泽宣等六先生的公开信",《乡村建设》1934 年第 3 卷第 29 期。

梁漱溟把乡村建设看作新礼俗建设,即教育家的社会运动,用教育去开创新的社会管理秩序及新的社会形态。所谓新礼俗是什么? 就是将中国几千年积累下来的传统文化和西洋文化的长处有机结合起来,创造符合中国具体国情的新型文化。当中国的传统文化与西洋文化的长处有机结合并融会贯通后,就可以构建新的社会,使得国强民富,整个社会呈现一片新风尚。梁漱溟认为人类文化是共通的,文化没有国界,东西方都是可贯通的。人类文化的共通性决定了中国新礼俗建设要糅合中西文化之长,只有这样才能大有益于中国社会向人类未来社会变迁的必然趋向发展,乃至在吸取中西文化之长之后,可以使中国文化迎头赶上西方发达国家,乃至主导人类文化发展的方向。梁漱溟指出:"中国的精神有两点长处:一是伦理,一是人生向上。"①新的社会构造应当充分基于中国传统文化所体现的优点。梁漱溟把社会组织的重建归结为文化精神的重建,并且从人生态度和生活态度来涵定文化,从文化模式的建设来考虑教育问题。在他看来,改变人的生活态度和人生意欲趋归是教育的重要任务。既然近代中国已步入世界文化大体系,人们必须依靠团体组织和科学技术从事社会生活,那么,除了精神(理性)的培养,科学知识的传授对于改变人的生活能力与习惯是相当必要的。但是,在他看来生命是主体,知识技能只是为了便于人类生产生活,是为人类所用的工具;人生行谊理性是生命价值之所关键,知识的获得是次要的。"有了内心生活的觉醒,则知识的搜求是容易的。"因此,梁漱溟主张新礼俗的建设,乡村教育

---

① 中国文化书院学术委员会:《梁漱溟全集》。

的着重点是人生行谊教育,激发人们向上欲求的人生态度,培养他们的团结力量和社会责任感,以形成积极健康的人的主体性,然后提高其知识技能。这种注重人的理性培养的教育被梁漱溟视为乡村教育的根本和新礼俗建设的基础,所以他在《乡村建设理论》一书中把新道德伦理的教育放在首要地位,而政治建设和经济建设则被淡化了。

梁漱溟针对民国时期中国农民普遍"贫、愚、弱、私"的现状,强调首先要从教育入手,认为发展教育事业能够提升乡间居民的文化素质,改变"愚"的现状,并且积极推动成人教育和终身教育的理念,为我国的教育事业奠定了很好的理论基础。山东乡村建设研究院自成立到 1936 年的五年间,为中国广大乡村培养了大批人才。

乡村建设初建时,许多学者对乡村建设存在一定的误解,简单地认为,乡村建设只是一种农村生产的增加,富力的增加,或者是对某一乡村地区的建设。"乡村建设究为着什么人?"①这个疑问存在于大多数人心里。从狭义上来说,乡村建设可以说是建设乡村,发展乡村经济与文化。而鉴于民国时期的中国国情,中国社会日趋破坏,向下沉沦,中国的问题并非是通过建设一乡一县就能解决的,"所以凡以为乡村建设是小范围的事,是从局部来解决问题者,都是错的。同样道理,片面的从任何一方面求乡村建设,亦为不可能"②。这就有了广义的定义,正如梁漱溟先生所言,认识乡村问题的四个层次,首先是,"乡村建设运动起于中国乡村的破坏,即

---

① 梁漱溟:"乡村建设是什么",《乡村建设》1933 年第 2 卷第 30 期,第 1 页。
② 同上。

救济乡村运动"①；其次，"中国乡村受政治的影响，遭受无限止的破坏，迫得乡民不能不自救，乡村建设运动实是乡村自救运动"；②再次，乡村建设运动"是应乎建设之要求，为我民族社会的新建设运动"③；最后，"今日中国问题在其数千年相沿袭之社会组织构造既已崩溃，而新者未立；欲谈建设，应从建设一新组织构造谈起；乡村建设运动实为重新建设中国社会组织构造之运动"④。这就是乡村建设的真正意义所在。

对乡村建设定义的考察，不能简单局限于一个地区或者一个问题，而应立足于整个社会，考察整个社会问题。"乡村建设天然包含着社会各种问题的解决，否则乡村建设即为不可能。"⑤因此，乡村建设工作或者解决中国问题的工作的完成，需要从乡村入手，以乡村人自身的力量为主，实现政治重心、经济重心都根植在乡村的一个全新组织构造的社会。

二、对乡村建设基本框架的考察

（一）认识乡村建设问题

在对乡村建设的考察中首先就要认识乡村建设，什么是乡村建设。梁漱溟在"乡村建设是什么"一文中谈到，人们时常认为乡村建设就是简单地建设乡村，局限于一乡一村的建设，又或者局限

① 梁漱溟："乡村建设是什么"，《乡村建设》1933 年第 2 卷第 30 期，第 2 页。
② 同上，第 3 页。
③ 梁漱溟："乡村建设理论"，《乡村建设》1935 年第 5 卷第 1 期，第 3 页。
④ 同上，第 1 页。
⑤ 梁漱溟："乡村建设是什么"，《乡村建设》1933 年第 2 卷第 30 期，第 2 页。

于经济方面的建设,而忽略了乡村建设的最终目的。"乡村建设包括增加农村的生产与富力的意思,乡村建设当然是在建设乡村,不过,就看成是这样子,实在太狭隘",因为"如此狭义的乡村建设,为事理上所不可通的,也是事实上不可能的"。①

所以,在认识乡村建设时,首先要了解什么是乡村建设,为什么要乡村建设。《乡村建设》中,所有文章都不外乎围绕着乡村建设而论。在梁漱溟看来,"我们要解决的是社会问题"②,而不是简单的、狭义上的乡村问题。

1. 认识中国社会

民国时期,中国正值多事之秋,天灾、人祸、外敌侵略、经济掠夺等,种种问题都在中国社会上暴露出来。"所谓天灾,例如长江大水灾、黄河水灾、西北两年大旱、南方江浙旱灾等;所谓人祸,例如1930年的中原大战,以及种种兵祸、匪患、苛捐、杂税等",在国际上,"例如日本强据东北,列强经济侵略"。③

《乡村建设》对当时社会问题的介绍,从浅层次的引导,让更多的人了解到一个残破不堪的社会。只有认识到社会问题的实质,才能真正解决问题。因此,梁漱溟在"乡村建设理论"一文中把社会问题归结为三方面。第一,政治的破坏,在当时军阀战争混乱,土匪骚动,苛捐杂税众多;第二,经济的破坏,一方面是由于西方帝国主义的经济侵略,另一方面是洋行买办的经济剥削;第三,文化的破坏,自西方资本主义思想传播到中国后,中国的礼俗、制度、学

---

① 梁漱溟:"乡村建设是什么",《乡村建设》1933年第2卷第30期,第1页。
② 梁漱溟:"乡村建设理论",《乡村建设》1935年第5卷第1期,第2页。
③ 同上,第4页。

术、思想等都遭到了破坏。如此看来,认识中国社会,不外乎认识中国政治、经济、文化这三方面的问题。[①]

2. 认识乡村建设

"中国是以乡村为基础,并以乡村为主体。"[②]当时的中国是一个农村人口占比重极高的乡村国家,所有的社会问题,都可以在乡村看到,而又以乡村最为严重。因此,《乡村建设》中,通过对中国乡村问题的剖析,让人们认识到,中国乡村破坏之严重,已经不是政治上、经济上的小修小补就能改变的,必须从文化入手,构建新的社会构造。中国的政治、经济、文化已遭到严重破坏,而新的制度尚未建立,乡村建设就是为了新制度的建立而发起的。"乡村建设运动,实乃吾民族社会重建一新组织构造之运动",所以,"乡村建设,实非建设乡村,而意在整个中国社会之建设,或可云一种建国运动"。[③]

因此,《乡村建设》也并非一本单纯的关于乡村建设的期刊,而是救民救国思想的融会,而在当时如此危机重重的大背景之下,乡村建设刻不容缓。介于此,许多学者就乡村建设各抒己见,共同寻求一个适合中国发展的康庄大道。

(二)解决乡村建设问题

通过认识乡村问题可以知道,乡村地区乃至整个中国社会都面临三方面的问题,一是政治问题,二是经济问题,三是文化问题。因此,要解决乡村建设问题,理应从这三方面入手。

---

① 梁漱溟:"乡村建设理论",《乡村建设》1935 年第 5 卷第 1 期,第 4 页。
② 同上,第 5 页。
③ 梁漱溟:"乡村建设理论",《乡村建设》1935 年第 5 卷第 2 期,第 1 页。

1. 政治问题

在政治问题上,梁漱溟主张"启发社会力量来稳定大局"①。对于中国问题,需要有一科学诊断,才能知道如何解决问题。民国时期,在各种势力的威迫下,中国呈现出两大问题,一个是"散",一个是"乱"。因此,梁漱溟主张,通过启发社会力量来解决中国的"散"、"乱"问题,以稳定大局。从另一方面理解,就是让中国广大的劳动人民紧密合作,此外,还要把社会中的知识分子与乡村农民团结起来,使其形成一股力量。针对这种力量,梁漱溟提出了两个原则,"一是人类的力量在理智,缺乏理智便没有力量;一是力量生于积极活动,若只消极的要求不成功力量"。②

要想解决中国政治的问题,需要在知识分子和农民身上求得思路。而只有走乡村建设这一道路,才能把知识分子与农民结合成一股强大的力量。知识分子用知识武装了头脑,无疑是完成中国社会改造、文化改造上的重要分子,其力量是相当强大的。但力量再强大,一旦脱离了人民群众,一切都只是空中楼阁,不接地气,毕竟中国是一个乡村国家,知识分子只占社会上的少数,广大的乡村人民才是社会的中坚力量。换言之,如果乡村人民脱离了知识分子的带领,乡村建设就无法快速进行,而又何言解决中国复杂的政治问题呢?

2. 经济问题

在经济问题研究方面,梁漱溟说:"散漫的农民,经知识分子

---

① 梁漱溟:"中国政治问题之解决",《乡村建设》1935 年第 6 卷第 13 期,第 1 页。
② 同上。

教育与领导,逐渐联合起来实现经济上的自立和自卫;同时由农业引发了工业,完成整个社会的自给自足,重建社会化的新经济构造。"①在经济问题上,梁漱溟提出了三方面的内容:"一是非个人营利,同时非国家统制,其目的是通过农民的联合以达到构建整个社会的新的管理新秩序;二是以农业引发工业,而不是从商业来发达工业;三是从经济上着手,以整个社会自给自足为目标,自始至终都倾向于为消费而生产,而不蹈欧美为营利而生产的覆辙。"②

从这一主张可看出,梁漱溟主张的经济路线,完全区别于西方,他反对走欧美路线,而是主张通过组织合作来团结人民,用人民群众的力量求得自给自足、自力更生,主张农业引发工业的发展路线,拒走欧美的商业发达工业路线。这是由于梁漱溟看到了欧美资本主义制度由于存在弊端,并不适合中国的发展,因此他提出了"农业引发工业"的思路。农业是国民经济的基础,只有大力发展农业,将基础夯实,中国经济才得以发展,乡村建设运动才能稳步向前推进。

此外,《乡村建设》中的许多作者主张推行"合作经济",主张通过合作组织来发展经济。如方铭竹所著的《生产合作社之研究》、《信用合作社之概论》、《消费合作社之研究》,均围绕着合作经济进行论述。合作社的建立,解决了乡村人民单户零散经济模式带来的高成本、高风险等问题。广大乡村建设者经过合作以取得更大的利益,也正是乡村建设所向往的美好局面。

---

① 梁漱溟:"中国之经济建设",《乡村建设》1937 年第 6 卷第 15 期,第 6 页。
② 同上。

3. 文化问题

"今日中国问题在其千年相沿袭的社会组织结构已崩溃,而新的社会组织结构未成立;或说是文化失调"①,"社会文化是要以其社会之组织构造为依赖,而法制、礼俗实际上是居文化之重要部分"②。因此,梁漱溟主张"建设新礼俗"③。过去是用中国传统礼俗来指引构造社会组织,而不是依靠法律规章来约定。中国传统文化所传承的乡村社会礼俗、传统习惯代替了法律,来指导广大乡村人民生产生活及参与社会管理等诸多方面,因此,中国传统礼俗、传统习惯也就是大家所遵循的社会秩序的文化传承。

人类具有社会性,因此,人类所有的生产活动及生活都必定不能脱离人类社会这一客观存在的公共载体。社会秩序是人类社会得以正常运转的前提保证,如果没有一定的社会秩序来规范人类的各项活动,这个社会必定杂乱无章,一片混乱,也无法保证正常运转。如何制定并不断规范社会秩序,也因社会形态各异而各有其特点。在旧中国,社会秩序的形成和确立大多依靠中国传统文化熏陶而形成的礼俗和生活习惯,而不是单单依靠政府所制定的法律,强调"自律"而不崇尚"他律",突出了中国传统文化的张力;而在西方社会,社会秩序的维持基本依靠法律,强调"他律",而忽视"自律"这一强有力的内部动因。"中国将来的新构建的社会组织构造仍就要靠礼俗形著而成,完全也不是靠颁布法律"④,在梁漱溟来看,他主张用道德文化来维持社会的稳定,而非用法律来强制

---

① 梁漱溟:"乡村建设理论",《乡村建设》1935 年第 5 卷第 2 期,第 3 页。
② 同上。
③ 中国文化书院学术委员会:《梁漱溟全集》。
④ 同上。

人们遵守秩序,通过新礼俗的养成,使人们自觉遵守社会秩序,避免各种强制性的冲突。

文化问题的解决,还需依靠教育。教育问题,是乡村建设中的一大难题,即使在经济较从前更发达的今天,乡村教育问题仍然是国家建设的一大重点。在《乡村建设》中,关于民众教育、小学教育、成年教育的问题,无不围绕着提高乡村文化水平、改善乡村文化环境而言,而梁漱溟对教育的看法更加独特,他主张"政教合一",即"公众的秩序,以前是武力的,现在则是靠理性的教育,大概非用教育来代武力不可"。[①] 他主张政治与教育合二为一,两者相互促进、相互督促,用教育来代替武力以维持社会秩序的稳定。他把教育问题提升到政治的高度上来,建设乡村教育,并非简单地为了提高农民文化水平和文化素养,更是为了提高其政治觉悟,以教育的力量代替武力来建设新社会。

三、对乡村建设理论的考察

乡村建设理论,以梁漱溟的"乡村建设理论"最为著名。"乡村建设理论"一文最初刊登在《乡村建设》第5卷中,并被当作山东乡村建设研究院学生教材。1937年,山东乡村建设研究院将其收集于《乡村建设理论》一书中,该书由邹平乡村书店印刷出版。《乡村建设理论》一书主要分两大板块,一是认识问题,二是解决问题。综而观之,《乡村建设》中关于乡村建设理论的考察主要有以下几个方面:

----

① 梁漱溟:"政教合一",《乡村建设》1935年第4卷第22期,第5页。

（一）注重文化教育

梁漱溟的乡村建设理论在论证中国出路在于乡村建设的问题上,他以"文化决定论"和"教育万能论"为思想武器,提出改变中国现状只有走乡村建设的道路而不是其他的道路。梁漱溟认为,中国的问题是发生在中国的内部的问题,帝国主义的入侵只是外因,外在的力量促进这一问题的复杂化和尖锐化。粉碎帝国主义的侵略,将侵略者赶出中国只是短期的表面的问题,它可以通过武力来解决。然而中国社会的进步与发展问题,仍然是内在的如何解决旧文化结构破坏后的新文化建设问题。近代社会发生了急剧变迁,过去的"一治一乱"的治乱方法拯救不了中国,需要一种全新的方法来建构一个新的社会制度或新的文化结构。

梁漱溟的乡村建设理论认为,教育的概念是十分宽泛的,它不是狭义的学校教育。教育既然是作为社会改造的手段,往往可以与具有中国传统的"教化"一词相替代。乡农学校是乡约实施教育的组织,也是乡约精神的体现,其组织分为校董会、校长、教员、乡民(学生)四个成分。① 他说:"我们的乡农学校所划的范围,是由一百五六十户至三四百户,在此范围内,先成立校董会。校董会中都是些领袖人物,再从校董中推出一个校长,来主持教育的事情;教员可以从外边去聘请,聘请一个有知识,更明白的人来做教员,学生即本地农民(尤以成年农民为我们的主要学生,也可以说是从成年农民入手,而不止于成年农民,男女老幼皆在学生之列)。只有教员是外来的,其他三项都是本地人。范围如此划定,内容如此

---

① 中国文化书院学术委员会:《梁漱溟全集》。

配置,则构成一种组织。"①但是还不够,还"必须靠有知识、有眼光、有新技术、有新方法的人与他合起来,方能解决问题"②。这个所谓"四有"之人,就是受过现代教育的知识分子(也包括从外国留学回来的知识分子)。梁漱溟认为,广大农民与知识分子结合起来,是实现乡村文化建设、经济建设以及政治建设的重要条件,因为这些人最具有现代社会生产和生活方面的知识,可以为乡村教育与乡村建设提供指导。这一思想源自梁漱溟关于中国问题解决的动力是现代知识分子的主张,也与当时整个乡村改造运动的普遍认识有一些关系。③

从理论和实践上来讲,这就是梁漱溟所说的乡村建设就是一种教育家的社会改造运动。事实上,梁漱溟在思想理论上更多地把乡村建设运动视为少数知识分子的新文化启蒙运动,而且这一运动必须和劳动者及劳动者的实际生产与生活紧密联系起来,通过教育"启发他自觉而组织合作社,而形成自治团体"。所以,梁漱溟的乡村建设理论始终把对人的改造和新伦理的构建放在突出的位置。

(二) 构建新礼俗

梁漱溟从多方面考察与比较了古今中外的社会组织形式及其作用,在坚持中国的问题只有通过中国自己来解决的原则下,提出中国封建社会后期集礼俗与教化为一体又发自民间的自觉组织的乡约,以致形成新的习俗,并通过新习俗的形成来构建新的

---

① 中国文化书院学术委员会:《梁漱溟全集》。
② 同上。
③ 同上。

社会秩序和新的政治制度。这些观点在当初看来是非常之新的，但从根本上其实是儒家的礼教思想和政教合一的政治思想传统的延续。

在新礼俗的构建之下，乡约思想最适合中国乡村建设发展的要求。在精神上保持着伦理本位、人生向上、志气提振等原则，形式上也是土生土长的，实施范围也适宜。梁漱溟把乡村建设视为新礼俗建设，即教育家的社会运动或社会运动者走教育的路去开创新构造。"把新礼俗的构建放在这种人生中"，形成政治、经济、教育三位一体的特殊结构。[1]

（三）改革土地经济制度

"我们若想有一种最有效率的农业及一种最好的土地制度，就必须有十分社会化并教育程度高好的农民"。[2] 这是实现这种目的的根本条件。良好农民能创造一种良好农业，低等农民则必酿成一种不良的土地制度。《乡村建设》杂志中提到，波兰及意大利的农民，还使用古老的手工，所以只能有贫穷的农业。反之，如美国农民因为能使用机器，所以他们的事业就很经济而有效率，借此可以维持一种高等的生活标准。又如墨西哥所以不能产生一种自耕农的制度，则是因为那地方的劳工受封建习俗影响，只会为旁人服役，不会为自己谋独立，自有土地的制度在他们感觉不便。盗取土地的佃农制度，会使生活程度降低，并造成一些低等的农民。如此看来，土地经济制度的好坏，关乎乡民生活水平的高低。因此，有学者提出土地利用合作、土地国有等观点，旨在提高土地经济效

---

① 中国文化书院学术委员会：《梁漱溟全集》。
② 杨懋春："社会化与乡村问题"，《乡村建设》1936 年第 6 卷第 3 期，第 33 页。

率、建设乡村。

（四）推行农村合作事业

农民的合作社时常受到很多外力的压迫，所以他们更必须有很高程度的社会团结。农民们起初对于所谓合作社很是热心，但在这种热度降低之后，就有人陷于悲观，没有勇气进行。其所以失败，是在这种组织中道德风气很低；入社者多存图利的念头，因而结党树派，互相冲突。并且有若干农民合作社因物价的高低和社员私自与外人买卖，致使组织失败。很不幸的是，虽然这种短浅眼光的政策能把若干合作社毁坏了，并且最后的结果还是农民自己承担损失，但是农民们并不觉悟，这种现象仍然层出不穷。最后更有若干农民的经济运动，根本就没有一种明晰的目光及长远的计划，不过一时的盲动而已。如因某一重要事件需要去奋斗的时候，组织可以由弱变强，但若所遇见的事情是需要教育及建设的长期工作，则兴趣减低，会员也减少了。"在遇见这种困难及危机的时候，有的组织是像沙子堆成的山，渐渐要倒塌的；但也有的仍能峙然立住，如直布罗陀海峡的大石一般。"①

任何一种经济合作组织，其总能力的大小，要看其中各个分子所有的"同感"的程度而定。在"Mormon, Shaker, Dunker 等地方的会社中，其经济的结合力是借社会的及宗教的结合力而加强。并且还有一件最容易看出来的事，就是在忠于团体的心大于自私心的会社中，其所有的共同活动必十分完美"②。在上述的几处地域内，那种伟大的合作精神真是为个人主义很深的一般美国人所

---

① 杨懋春："社会化与乡村问题"，《乡村建设》1936 年第 6 卷第 3 期，第 33 页。
② 同上，第 34 页。

不及。

但是这种能使各种合作计划长久存在的固结性并不是借孤立及排他可以得到的。社会的统一及同感是因各个农民之间常有社会的接触而产生的。任何一种农民的组织都需要一种社会的计划,这种社会的计划不仅能保持各分子的兴趣及热度,更能创造一种共同意识。因此,现在他们的注意力已经转换了方向,要想发展一种社会的及教育的计划。这样一来,在他们新计划的实行上,就有一番新的力量加入了。政府的农业部受此影响,也不得不变换他们的施政方针,以社会化为培植合作计划的一个良好预备阶段,并照此新方针去发展乡民中青年男女及成年夫妇的教育及社会的活动。大概只有借强度的社会化计划,才能使农业有坚固的基础,并借此将其扩充发展成为一个全国的运动。

(五)发展乡村社会

"若干严重的乡村社会问题都是由于农民缺少一种远大的社会眼光所致成。而乡民之所以缺乏这种社会化的精神,则又由于派别主义甚深,对于教育极不关心所致。"[①]不社会化的人与反社会化的人是一样的,他们都反对为扩充学校而增加经费。而他们之所以反对,则由于他们对于这各种组织的看法常以个人的利益为根据。那些完全商业化的农民,他们所思想的出不了他们自己的农田上的事情。

(六)丰富乡村经济与生活

"有几个学者已经指示我们,在乡村中若只有经济的繁荣,而

---

① 杨懋春:"社会化与乡村问题",《乡村建设》1936 年第 6 卷第 3 期,第 34 页。

社会生活的平面却不随之提高,则其结果只是富农与地主入住城市及佃农的加多而已。"①大概因为消费的力量增加,心理上的欲求也必加大,除非乡村中能适应这种情形,扩充各种社会的及娱乐的机会,否则那些人为满足其需求,必定要转移到城市去。有的乡村社会在经济方面是异常丰富的,但是教育的、精神的及社交的各种机会则非常缺乏,二者的分量是极不平衡的。

有的人存着一种希望,以为能把一个国家的工业机器、经济发展统一起来,或以为四十亩地的小户人家也可以与那些大地主或大矿主一样有发展高尚公民性的可能。

在看重物质的理论中,乡村的进步是以仓房的大小、地亩的多少为标准。房舍简陋的乡村难看到汽车通行,必要烟酒熏天、衣履浮华,才是高尚的文明。但我们所以主张提高经济财富,其最后理由就是借此可以使生活中的社会的、文化的标准提高。我们知道,只有将天然的富源用机器的力量把它挖掘出来,使之形成物质的基础,然后在其上建筑的上层文化才能发育长大。所谓人,在身体方面与其他动植物一样,也必须借助饮食、衣服、房屋才能生活。"我们不同的地方,人更能借助物质的养育以发展我们的文化的天赋。我们必须借助饮食才能生活,但我们的生活更要成为社会化。"②地理的、生物的及社会的三者共同合作,就形成一个良好社会化的人——宇宙中的珍宝。

---

① 杨懋春:"社会化与乡村问题",《乡村建设》1936 年第 6 卷第 3 期,第35 页。
② 同上。

第三节 《乡村建设》中乡村建设应用问题的研究

一、对乡村建设做法的考察

民国时期的乡村建设运动，从中国人口众多、土地面积最大、群众力量最强的乡村地区着手，是重新构建社会组织的第一步，也是构建社会新制度首要的一步。经研究发现，《乡村建设》中关于乡村建设做法的文章主要有以下几个方面。

（一）加强乡村经济建设

发展经济、保障供给，是人类经济生活的最普遍而基本的条件，这个问题解决不了，其他的如教育、礼俗、治安等更高层次的诉求均为空中楼阁、无稽之谈，一切都无从进展。尤其是在当时中国混乱局面之下，大多数人都过着食不果腹、衣不蔽体的穷苦生活。就是土匪之乱，亦无非受经济的压迫，"所以解决乡村经济问题，为乡村建设之第一步工作"[1]。加强经济建设，推动经济跨越式向前发展，不管是在贫困落后的民国时期，还是在改革开放已大见成效的今天，都是首要的工作。经济建设决定上层建筑，经济是基础。要想发展，首先就要把握经济建设，大力发展经济。乡村经济做好了，其他问题也就顺理成章、迎刃而解了。

---

[1] 湘岑："乡村建设从何作起"，《乡村建设》1932年第2卷第2期，第40页。

（二）发展乡村教育

在一些人看来，民国时期，政治的不上轨道，农村经济之不能大力发展，完全是由于广大劳动人民缺乏知识与劳动技能。因为没有知识，一方面不知道如何行使自己的职权去维护自己的切身利益以监督政府，致使军阀专横，政府捣乱，自身坐受其荼毒而无可奈何；另一方面就是农民没有相当的劳动技能，导致广大劳动人民的劳动生产率相当低下，这就在客观上阻碍了农村经济的大力发展。"只有从农村教育方面入手，积极努力，使人人都有相当的知识、相当的技能，进而建立国民的组织，经济的发展，自卫的举行，如此一来，乡村建设可期成功。"①如果农民没有相当的知识、相当的劳动技能，而强迫他们去办组织、去办自卫，显然只会徒劳。民国时期，乡村人口占中国人口的百分之八十五，这个比例是举足轻重的。因此，乡村农民的文化水平高低，不但关乎乡村地区的物质文明与精神文明的综合发展，还关系整个社会的政治、经济、文化等各个方面，关系整个社会的进步。

（三）举办乡村自卫

民国时期，政局不稳，社会秩序极度混乱。摆在乡村建设者面前的第一个问题，就是治安问题，因为地方的治安如不能正常维持，广大劳动人民的生产生活都无法得到保障，其他的一切更无从着手了。《乡村建设》曾有文章报道："土匪骚扰，闾阎不宁，此时民众，逃生顾命尚且不暇，那里还有心思去讲究农业改良，还有工夫去投入经济建设呢？一旦地方的秩序乱了，不管有多好的方法，多

---

① 湘岑："乡村建设从何作起"，《乡村建设》1932 年第 2 卷第 2 期，第 40 页。

好的计划,都无从实施,一切均无从谈起。"①社会治安的好坏是乡村建设得以顺利实施的关键保障,因此,在建设乡村经济、发展乡村教育的同时,要维持好乡村地区的秩序,做好乡村地区的自卫工作。

总而言之,安全是一切乡村建设活动的基础,如果没有一个和平安全的环境,就无法保证生产和生活的正常开展。举办乡村自卫,可以保护农业生产活动的正常进行,而且有力的武装也能保证当地人民财产安全。在当时的中国,匪患四起,农业生产活动常常受到周围土匪武装和山贼的骚扰,因此,建立一支强大有效的乡村武装队伍是十分必要的。一来可以把当地零散的武装力量组织起来,使他们不至于侵民扰民。而且可以给他们以有效的教育管理,指导他们的发展方向,培养其为广大劳动人民服务的意识,从而避免他们被人利用。二来可以防止他们无序发展,势力扩大,最终酿出祸患,无法控制。越是这些愚昧的乡村武装,越容易被人利用。而这些武装经过有效的教育管理,好好培养,在当地可以成为一支有效的执法队伍。有了这支有效的执法队伍,不仅可以起到自卫作用,而且可以用于消灭鸦片之害,对于整顿乡村面貌、树立良好风俗等都有着非常重要的作用。

(四)促兴农业,发展乡村经济

梁漱溟认为,如果中国也走资本主义发展之路,忽视农业,不断发展工商业,从而实现另外一种繁荣的都市文明,那中国所有的城市和广大的农村必将走上畸形发展之路。中国的"根"在农村,农村的兴盛决定着城市的文明与发展,也决定着整个国家能否长

---

① 湘岑:"乡村建设从何作起",《乡村建设》1932年第2卷第2期,第41页。

治久安,这是毋庸置疑的,已被中国革命和历史所验证。梁先生认为,资产阶级革命的成功充满血腥和暴力,其国内十分尖锐的阶级矛盾,导致资本主义社会内部随时都可能爆发社会惨剧,而外在的表现则是世界大战时刻有爆发的可能。这事实上不是一种健康的文明,这种文明以另外一种文明的消除作为代价,人类历史创造的文明都将被全部摧毁。我们的民族没有必要去用这种方式去实现自己的文明。工商业偏敧发展,导致城市文明的畸形发达,如果走资本主义自由竞争之路,那么农村一定会受到桎梏,乡村发展无门,最终要归于衰落。如果一意要走工商业发展之偏锋,回头再谋求救济发展农村,到那时,由于农业荒废,可能连吃的东西都没有了。因此,在梁漱溟看来,要发展经济,首先要发展农业。

发展农业,也就是大力发展乡村的经济建设及新的社会体制的构造。此处所说的农业包括林业、蚕业、茶业、畜牧、养鱼、养蜂、各项农产制造等——一切乡间生产事业皆在内。发展农业又包括两个方面的事情:一是谋技术的改进;二是谋经济的改进。技术的改进,使得产品不仅在数量和品质上有很大的提高,而且销路也很好,例如改良种子、改良农具、防病除虫、改良土壤、改良农产制造等。这也要求从事农业生产的人要时刻捕捉科技信息,把先进的城市文明的精髓用于改良农业的生产技术和农业工具,从而迅速改变传统农业步履蹒跚的局面。而"经济的改进,是求生产费低省与生产值之优厚,一切为农家合算着省钱或合算着为多赚钱的办法皆是"[①],建立起整个农村的合作体系和合作网络,建立"合作信用社",把农村资金和人力、物力有效整合,发挥他们的最大效率。

---

① 中国文化书院学术委员会:《梁漱溟全集》。

这两个方面的改进与发展是相辅相成的,技术的改进推动了经济的发展,而经济快速的发展又不断地要求技术更新与换代。农业信任体系的建立,可以把两个方面有效地紧密结合在一起,尽可能为农业发展募集到生产项目和资金,从而促进农业走上良性健康的发展方向。

(五) 以农业引发工业

中国是一个传统的农业大国,农业占地及农业人口在全中国占据百分之八十以上的比重,因此梁漱溟主张中国的发展要以农业发展为根本,先发展农业,待农业能保证广大城乡人民的生活物质供应之后,才有可能有效地发展工业。否则,没有了生活保障及用于工业生产的原材料的供给,发展工业基本是空中楼阁。因此,乡村建设理论主张立足农业,然后"从农业引发工业"①,不赞同走不符合中国国情的欧美日本"从商业发达工业"②之路。乡村建设理论关于经济建设的主张方针是:"散漫的农民,经知识分子领导,逐渐联合起来为经济上的自卫与自力;同时从农业引发工业,完成大社会的自给自足,建立社会化的新经济构造。"③发展工业必须以发展农业为基础,是富民强国的基本保证。"发展工业是进一步的要求,发展农业是活命的根源。中国原来的农业底子若被破坏,广大城乡民众便无活命。"④中国"军界、政界、教育界更是靠农民吃

① 中国文化书院学术委员会:《梁漱溟全集》。
② 同上。
③ 梁漱溟:"中国之经济建设",《乡村建设》1937年第6卷第15期,第6页。
④ 中国文化书院学术委员会:《梁漱溟全集》。

饭"①,因此梁漱溟说:"所谓'民以食为天',中国问题之急,莫急于此。"②

以梁漱溟为代表的乡村建设派还十分注意处理好在工业生产过程中的生产与消费、农业与工业、城市与乡村之间的关系,主张各方面协调发展,并不断地探索研究,力求摸索出一条既适合中国具体国情,又超越西方的工业化模式,避免西方工业发展的诸多弊端,避免给中国的社会发展及广大中国人民带来深重灾难。这正是乡村建设理论中梁漱溟所倡导的最适合中国国情的经济思想的深刻合理之处。

二、对乡村建设存在的问题的考察

(一)对乡村建设认识不清

乡村建设实质上是一场建国运动,但是有些人往往会望文生义,对乡村建设认识不清,产生狭义的理解。梁漱溟在《乡村建设》中提到:"一般人对于乡村建设,常容易犯两种误解:一、误解为一乡一邑小范围的事业;二、误解为经济一面的事业。"③如"在《教育与民众》4卷8期上张宗麟先生所提出的几个问题。他问到:'在今日的中国是否需要乡村建设?乡村建设成功以后,是否于农民有真正利益?乡村建设究为着什么人?'"④。在张宗麟看来,乡村建设只是一种农村生产的增加,富力的增加。而在梁漱溟看来,张

① 中国文化书院学术委员会:《梁漱溟全集》。
② 同上。
③ 梁漱溟:"乡村建设是什么",《乡村建设》1933年第2卷第30期,第1页。
④ 同上。

宗麟的结论是错误的。在乡村建设运动中,许多建设者、农民甚至学者都如张宗麟先生一样,对乡村建设认识不清,只局限于乡村地区的建设,缺乏宏观远虑,只看到眼前的,看不清长远的。

"今日乡村发达所以喧腾各处,虽大半为乡村破坏重建刺激起来的,然若就以'救济乡村''复兴农村'为中心,那便局促短浅,陷于两种结果:一、太偏乎应付眼前问题,没有根本方针,从事远大企图;眼前问题既不会应付得了,更将走错了路,失了远大企图。二是,系心于眼前之得失成败,容易短气丧气,失望绝望而干不下去。"可见,乡村建设是"人类社会大改造",是一个深远的问题,而简单地以救济、复兴来解释,那就是错误的,"今日乡村已是救济不了,我们现在所向前走的一步一步,其意义不在当前而在未来,这未来不是空希望,而是看得见拿得稳的前途"。"总而言之,是要有远识定见看清前途才行。"①针对这个问题,乡村建设运动的引领者梁漱溟提出了自己的看法。

"关于方针路向的认定,千万不要逞主观的理想",因为乡村建设不是人们主观选择哪条路,就可以走哪条路的,而是要和实际相结合,与客观相呼应,"不但要合于理想要求,更要紧的是有其客观事实的可能"②。因此,要认清方针路向,就需要从客观事实出发,排除错综复杂的关系,"只有我们不注意其关系的方面,或不熟悉不周知其关系的时候,我们才看得东亦可,西亦可,海阔天空,任我们走。"但是迫于周围形势所在,"早已隐然限定只有一条路,所以

---

① 梁漱溟:"乡村建设几个当前的问题",《乡村建设》1934年第4卷第10期,第2页。

② 同上。

我们要是从客观可能的机会里实现主观要求,多采取的方针即是将展开的前途,那么客观事实的分析,历史演变的观察,就是顶要用心的所在了"①。

认清方针路线固然重要,但是脱离了客观事实,那就是徒然。在乡村建设中,客观地认清乡村建设的方针路线,对乡村建设者而言,尤为重要。

(二)乡村建设缺乏精神基础

"乡村建设工作者,因工作繁重,穷于应付,暴烈懒惰,凡此种种,无非是因为缺少信念与修养。"②在乡村建设者徐宝谦看来,在乡村建设中,一些乡村建设者因为缺乏信念、缺乏修养,即是缺乏精神支柱,而怠于乡村建设工作,不但影响乡村建设的工作顺利进行,而且影响整个乡村建设运动的发展。"乡村建设的对象,到底是在人不在事,如果我们忽略了人的价值,则事不论做得怎样,终属徒然。"因此,徐宝谦提出,要建立乡村建设的精神基础。

作为乡村建设者,首先要明确知道自己加入乡村建设运动的动机是什么,端正加入乡村建设运动的态度,避免动机不纯的人员加入组织,因为"此种全国的组织,容易被政客利用",一旦被政客所利用,其心便不在乡村建设上了,并碍于乡村建设的发展。因此,"我觉得一个运动或组织之是否被利用,完全在乎参加者之态度与动机是否纯洁,如属纯洁则野心家难以利用,恐无从着手","力求各分子的

① 梁漱溟:"乡村建设几个当前的问题",《乡村建设》1934 年第 4 卷第 10 期,第 2 页。

② 徐宝谦:"乡村建设运动的精神基础",《乡村建设》1936 年第 6 卷第 3 期,第 61 页。

纯洁,是本运动的第一个精神基础"。①

此外,徐宝谦还提出,"应当注意我们自己的态度与习惯"。知识分子下乡,可以说是中国空前的一大举动。而知识分子与农民之间还存在一些隔阂,即使"知识分子与农民发生了接触,接触的性质,往往是机械的,不自然的,有时是居高临下的,不尊重对方的"②。这样会使得乡村建设工作难以进行,只有知识分子与乡村人们真正地团结起来,才会形成一股力量,才能建设好乡村。

(三) 乡村建设工作的不足

通过对《乡村建设》的研究发现,在乡村建设的开展中,在合作经济方面、农村金融方面及土地问题上,除上述所说的乡村建设工作者自身的问题之外,在一些制度上或程序上还存在严重不足,往往会影响乡村建设工作的顺利开展。对于农村金融问题和土地问题的考察,在后面有专门的介绍与论述,在此不详细介绍,而列举对农村合作社的分析研究。

在中国各处的合作社,"尚有一种普遍的现象即外界团体干涉合作社自己的社务。最普遍而各社最受损失的,如合作社借款时,其原书上须填明该款如何分配于其社员,此纯属合作社内部斟酌之事,外面机关不应予以干涉,即使原书详列社员借贷数目而对于借款机关实际上没有多大意义"③。实际上,这更难保证借款都是按照开出细数分配,事实上也常常并非如此。而此种干涉下,合作

---

① 徐宝谦:"乡村建设运动的精神基础",《乡村建设》1936 年第 6 卷第 3 期,第 60 页。
② 同上。
③ 甘布尔:"视察河北省合作事业报告",《乡村建设》1936 年第 6 卷第 2 期,第 5 页。

社难以独立处理社务,至于款项如何分配方面,可以任社员按照具体情况处理。"一般人或合作社尚未训练至可信托的地步,及应防止志愿借此机会徇私等。但以本人所见,则亦现有登记制度下,合作社虽难经登记实无合于借款者。此训练合作社之改良。"由此可见,合作社如能处理业务较佳,否则最好立即取消剥夺其生机的办法,并给予协助。在各联社也同样存在这种利弊,即联社贷款向各属社所要细数表,各社即向社员索阅其日用账簿,"此种不必要的繁杂手续,徒使减弱合作社的力量"。[①]

在乡村建设中,在各合作社尤其是信用合作社中,往往会出现上述干涉行为,其结果影响深远,合作社放款变成了例行公事,而不顾管理社员的人格及借款用途,就会完全失去合作的意义。

针对此种情况,甘布尔在"视察河北省合作事业报告"上提出了这样的看法,"当某一社员向社中贷款,理事会应详询其目的及期间,并依当地情形规定还款办法,并斟酌及借款者归还可能,借款者及抵押品原书及还款期等项必经全体无限责任社员的审核"[②]。这样就省去了一些烦琐的手续,提高了合作社的工作效率,也避免了不必要的损失。

---

① 甘布尔:"视察河北省合作事业报告",《乡村建设》1936 年第 6 卷第 2 期,第 5 页。
② 同上。

第四章　《乡村建设》的合作经济问题研究

第一节　民国时期的合作经济

一、民国时期合作经济理论缘起

民国时期,中国内忧外患,战争连绵,社会秩序混乱,经济大萧条,加上1920年的华北大旱,当时四分五裂的北洋政府已失去整合社会的能力,民间慈善组织承担起了本应由政府承担的救灾责任,这就出现了我国最早的合作事业——华洋义赈救灾会。正是在该会的推动下,各地区合作事业纷纷开展起来。但是,华洋义赈救灾会早期发展艰难,乡村合作事业发展缓慢,直到1931年,乡村合作经济才真正得以迅速发展。乡村合作经济的缘起,笔者认为主要有两点:

（一）乡村经济发展的迫切需要

发展乡村经济是乡村建设的首要任务。而在当时以"散沙"见称的中国,"人人都抱着'莫管他人瓦上霜'的人生观,贫愚散弱,随遇而安"。乡民的"闲事莫理"的态度,是乡村经济发展不起来的内在因素,而在众多外因的压迫下,乡村经济发展更是处处受阻。

一方面,不法商贩采取各种方式对农民进行残酷剥削,对广大农民在农副产品运输、销售环节中的农产品进行垄断,或贱买贵卖,或采取压级压价等手段来侵害农民利益。总之,市场价格被不法商贩操纵着,农民增产而不能增收。除此之外,在推广动植物良种、新工艺、新农具、新技术等方面,单独零散的农户较难得到培训和推广。另一方面,自然灾害不断,广大农民粮食大量减产甚至绝收,导致收入也随之急速锐减,广大农民连生产生活都不能正常维持,更谈不上有钱去清偿公私债务。再加上民国时期金融秩序混乱,各地区人力、物力、资金都非常不足,不能满足广大农民在生产生活上的刚性需要。投机商人及私人银行高利贷活动十分猖獗,超高的贷款利息使得农民生活更加困难,犹如火上加油,农民企图通过贷款来解决生产必需的周转资金十分困难;诸如此类的问题困扰着农民生活,如果这些问题不及时得到解决,将会严重影响农民生活、农业生产甚至影响农村经济的发展。因此,迫切需要创办各类乡村合作经济组织,以此来解决乡村问题。因此,学者们开始对乡村合作经济组织理论进行研究。

（二）乡村建设实验团体机构的积极推动

随着乡村建设运动的发展,积极提倡和引导乡村农民成立各式各样的乡村合作社是当时重要的一项内容和任务。此时,参与乡村建设实验的有关机构和团体可谓是功不可没。如从事乡村建设工作的华洋义赈救灾总会,该会重点发展乡村合作经济组织,推动农村的制度变革。

1920年华北大旱后,由各义赈救灾机关联合发起的一个永久性的慈善团体——中国华洋义赈救灾会,是中国最早出现的合作事业。设总会于北平(今北京),分会于各省,于消极方面的施赈救灾外,兼重于防灾方面的积极工作。组织以董事会即执行委员会为最高机关。设分委办会,有农利、公告、章则、财务等分委;下有农利、稽核、庶务、文牍、工程、档卷、统计各股,分掌会务。农利股的事务最为繁杂,职员也最多,农村信用合作事业的提倡指导皆属于此部门。关于合作设计及相关重要事项,由专设的合作委办会负责制订。

乡村社会向来不惯于团体组织生活,推行富于连带关系的合作制度能否通行无阻,在未经试证明以前,谁都没有把握。1923年,华洋义赈会在河北省的提倡,也是抱着一种试验的态度。当时,"合作还是一个崭新的名词,就是知识分子,能够了解的也极其少数,想直接向农民宣传,那谈何容易? 简直是不可能"①。华洋义赈会最初倡办合作社,借着乡村牧师和学校的力量,因为牧师教友,"最好接洽人,管闲事;教师学生知识稍高,热心公益"②。1924年2月首被承认的涞水娄村第一信用合作社,便是在教会学校的推动下成立的。不过,到1933年,这些合作社几乎都停滞或消减了;即使幸存的,也都半死半活,社务不振。而社务最发达、精神最活泼的,却是后来没有教会力量、自动组织的合作社。

正是在华洋义赈救灾会的推动下,各地区纷纷发起合作事业。大多数合作社采用的规章制度、方法方式、机构设置等,都与华洋义赈救灾会相近,而河北的合作事业,就当时的中国来说,历史最

---

① 陈以静、任善立:"河北合作事业考察记",《乡村建设》1933年第2卷第17期,第39页。

② 同上。

久,成绩也最显著。

到 1931 年 12 月底,经华洋义赈会承认的河北省信用合作社共有 273 社,其中甲等 65 社,乙等 81 社,丙等 55 社,丁等 42 社,戊等 30 社,而未经承认的有 630 社,总计 903 社。自给资本有社股 45 852 元,储金 11 455 元,存款 8 777 元,公积金 1 958 元。社员 52 633 户,识字人员过半。社员的知识程度,对于复式簿记各种书表,从大体上说,都能填写应用,合作原理,也多能明白。这足以说明在华洋义赈救灾会的推动下合作社发展之成效。而华洋义赈救灾会在合作事业上,始终处在领导地位。据《乡村建设》调查,在 1932 年,长江水灾,华洋义赈会选调合作社职员 5 000 人前往救灾,办理农赈。据说颇能指导农民从事组织,功绩尚好。① 总之,河北省合作事业的发展,影响有限,距成功地步尚远,但合作制度行之于中国农村,适宜而且必要,确已证明。思想理论上,该会将自行研究出来的合作经济理论刊登在自行刊发的《合作讯月刊》和《合作丛刊》两本期刊上,大力宣传合作经济思想;经过 10 年的不懈努力,华洋义赈救灾会及其所引领的合作事业有了质的飞跃,农村经济合作组织才得以迅速兴起和发展。

二、民国时期合作经济理论流派

(一)资本主义派

1929—1931 年世界经济大危机后,各帝国主义加速向中国倾

---

① 陈以静、任善立:"河北合作事业考察记",《乡村建设》1933 年第 2 卷第 17 期,第 39 页。

销商品,沉重地打击了中国乡村经济。农为百业之本,农村经济出现了危机,将会影响整个社会经济。国民政府时期,乡村经济问题备受社会关注。

"我中国现在的农村经济已濒破产,欲图挽救,则为合作事业是赖。"①资本主义派意识到,欲发展经济,必先发展合作事业。尤其是在乡村经济破坏如此严重的情况下,"合作一事,对于我国甚感需要"②。因此,资本主义派主张通过农村生产组织体系的革新,整合乡村社会,建立乡村合作经济。资本主义派认为,"农村崩溃之主因在于农村自身之无组织",因此,推行"农村合作事业,就是救济农村最紧要最良好的一个办法",这不仅"可以解决民生问题使经济建设易于完成",还能达成"复兴民族的共同使命",以此"为本省农村经济复兴的重要方法"。③ 乡村合作经济得到蒋介石的认同,从台湾地区出版的《蒋公思想言论总集》(简称)中可看到如下言论:"经济建设之最重要最有效的一个方法,就是普遍推行合作制度,发展合作事业";"农村合作的成败,不但是革命生死关头,如能切实推行,现在的社会才能改良,国家民族才能复兴,否则中国就要灭亡"。合作不仅仅关乎于农村经济的发展,更是整个社会发展的需要。

基于上述观点,结合国内外农村合作社发展的实际情况,资本主义派提出了四种代表其思想的合作社:一是运销合作社;二是供给合作社;三是利用合作社;四是信用合作社。在此,对这四种合

---

① 熊国霖:"湖南合作事业近况",《乡村建设》1936 年第 6 卷第 3 期,第 47 页。
② 刘付梅:"吾国农村间的合作基础及要求",《乡村建设》1933 年第 2 卷第 21 期,第 7 页。
③ 熊国霖:"湖南合作事业近况",《乡村建设》1936 年第 6 卷第 3 期,第 47 页。

作社各自的作用进行分析。

1. 运销合作社

运销合作社,集中销售农产品的合作组织,主要"运销社员所生产之物品,通过加工或不加工而售卖之","保持农民劳力所获之产品,使可善价而沽,增加其应得之收入"。因此,有"生产品之农民"之称,成立运销合作社的目的在于对付商业资本。对运销合作社运用得当,不但利于农民经济发展,更利于农业的进步。

2. 供给合作社

供给合作社,是为农民生产和生活提供资料的合作组织,资本主义派认为,供给合作的目的在于"供给农业及生活上必需之物品,加工或不加工售卖于社员",从而"节省农民之消费,使日常需要咸得低廉之供给"。由于当时中国的广大农民普遍缺乏市场意识,加上商业资本对农民的压榨十分沉重,商业资本问题对农业发展的影响越来越大,"农村之商业不可废,而商人则不宜有",因此创办了供给合作社,作为专门对付压榨农民的商人和商业资本的利器。

3. 利用合作社

利用合作社主要是为农业生产提供各种服务,以获得规模经济效益最大化。利用合作社的实质即生产合作社。资本主义派认为利用合作社"以代为管理社员土地,并置办农业及生活上公共之设备,供社员共同或分别利用为目的",能"合业主、佃户、自耕农一炉而治之"。他们把其作用归纳为两点:一是土地的管理,将农村所有土地,"由合作社共同管理,由社员分别经营,复为之整理其耕,以谋耕作之便利",目的是"谋农业生产之增加";二是农耕设备的购置,"凡耕作器具、耕作技术,及一切防灾、防虫之设备,非农家独立所能举办者,均由合作社统筹兼顾,代其购置",目的是"求农民生活的改善"。如"农民最困难的,是运输,而大规模的运输工具如大车二把车等,一人之财力,既感不足,而事实上的利用,又不可少"①。由此可见利用合作社的重要之处。

4. 信用合作社

"吾以为欲使合作组织推行尽利,并能光大其发展,以导入合作组织不可。"②可见信用合作社的重要性。信用合作社目的是"以活动农村之金融,使需要资金者有周转之可恃",虽有其积极方面,"在谋农村金融之活动及农业之发展",但"救济农村之穷困而使农民得以脱离豪绅之剥削"。这就是资本主义派在中国特有环境下的矛盾,利用信用合作社促进农村金融活动以发展农业,会损害其代表的大地主、大资产阶级的利益。

在合作社传入中国初期,主要是由进步的知识分子和若干社会团体推动,很难得到政府认可。这种情况在南京国民政府成立后得到了改观,其原因与蒋介石对乡村合作运动特别是农村合作社运动的支持有密切关系。国民政府时期,颁布了《中华民国合作社法》、《县各级合作社组织大纲》、《农村合作社暂行规程》、《合作事业奖励规则》等一系列关于合作社的法律法规,使合作社在法律层面上具备了经济组织的法人地位,而即便如此,也无法掩饰其阶级身份。

正是在这种政策环境下,农村合作社获得了发展,对推动民国

---

① 刘付梅:"吾国农村间的合作基础及要求",《乡村建设》1933 年第 2 卷第 21 期,第 8 页。

② 刘士笃:"会式信用合作社改进案之商讨",《乡村建设》1937 年第 6 卷第 20 期,第 1 页。

时期的农业、农村和农民的现代化进程也起了一定的作用。当然，由政府主导的具有强制性的合作组织在其本身变迁过程中也带来了一些负面的影响，如主要是经济性质的合作运动与基层保甲制的变革相联结，利用合作来对抗中国共产党在乡村的活动，使合作运动政治化；合作社并没有触动农村土地这一根本制度，结果反而被地主阶级利用经济与社会上的优势地位，把持合作社理事会与监事会，使合作社沦为强势阶层牟利的工具。

（二）共产主义派

共产主义派认为，合作的意义在于改变农村社会结构，维持农村社会稳定，建设新国家，而不仅仅是为了发展经济。它关系到中国农村革命性质和任务的确定以及中国农村社会经济发展的制度性安排。以毛泽东为代表的共产主义派着重提出了新民主主义革命根据地应该通过互相合作来发展农业的思想。

"合作事业，不仅是狭义的经济状况改进的工具，并且也是各落后民族改进社会情形及创造生活的好方法。"[①]在早期革命时期，共产主义派就认识到在农村发展合作组织尤其是发展非生产性合作组织的必要性。毛泽东在《湖南农民运动考察报告》中，充分肯定了农村的合作社，并在其列举的农民协会办的 14 件大事中的第13 件就是关于"合作运动"。在农民买卖过程中存在利益归属的问题，因此，农民急需一些合作组织为他们解决这些问题，如消费合作社、贩卖合作社以及信用合作社等。

陈旧人通过对合作社的长时间研究，认为合作社有四个区别

---

① 司徒克兰："东方的合作运动"，《乡村建设》1937 年第 6 卷第 19 期，第34 页。

于其他的特点,一是"合作社是农民自己信用的结合,以取得经济上的帮助",例如,单个农民因信用度低,难以以个人名义借款,这就可以通过合作社的名义为其借款,解决资金上的困难。二是"合作社是人的结合,不是势力的结合",所谓势力,"一是资本的势力,一是智能的势力,合作都能超出这两种势力以外"。三是"合作社是民治的基础,因为它的权利和义务都能达到真正的平等",而不像普通公司的权利,是拿钱来说话,更多地站在农民的角度着想。四是"合作社目的不是为个人的,而是大众的"。普通公司是以"赚钱为目的",合作社是以为"大众谋利为目的"。①

民国时期,共产主义派十分重视以互助合作的形式将农民组织起来,以克服他们在生产和生活中的困难。1933 年,毛泽东在中央革命根据地南部十七县经济建设大会上所做的《必须注意经济工作》的报告中,重点讨论了各级政府和财政经济部门以"发展合作社"等为中心任务的问题,并告诫人们要把"发展合作社""经常放在议事日程上面去讨论,去督促,去检查"。在发展合作事业中,他要求采取农民所喜欢的群众化的方式,走群众路线,从农民的利益出发,而不是采取命令主义,命令主义发展合作社,是不能成功的,其结果是失去信用,妨碍合作社的发展。② 在此推动下,合作社在革命根据地的发展更加迅速了。

中国共产党在新民主主义时期,通过合作社方式改造中国农村小农经济,使其逐步过渡到社会主义社会的农村经济,这一思想

---

① 陈旧人:"关于农村合作的几个问题",《乡村建设》1935 年第 4 卷第 20 期,第 17 页。

② 毛泽东:《毛泽东选集》,人民出版社 1991 年版,第 124—125 页。

成为中华人民共和国成立之后农业社会主义改造的理论和政策的基础。值得注意的是,当时的农村合作社是建立在农民土地私有财产制度上的。可以推断,毛泽东在新民主主义时期发展农村合作经济,还没有否定农民对于土地产权的私有属性。

（三）乡村建设派

以梁漱溟为代表的乡村建设派,在合作经济上,更加注重和中国传统文化与道德的结合,这也是其派别不同于其他派别的根本之处。与西方国家合作经济思想相比较,乡村建设派的合作经济思想完全摆脱了西方资本主义制度的束缚,体现了中国合作经济的特别之处。其主张的合作组织主要有以下几种：

1. 俭约合作社

俭约合作社,其主要目的并非借政府与银行贷款来建立信用,而是要诱导储蓄。社员可因正常用途暂时取用,将来设法偿还。中国人向来节俭,这种合作社倡导人们未雨绸缪,这正与中国传统文化思想相适应,经过正常的诱导,在人们心中逐渐养成俭约的习惯,而避免奢侈、铺张浪费。

2. 医疗合作社

医疗合作社的要旨在于自愿立誓遵守某种规章制度。社员一旦自愿入社,在退出以前,就须受规章的限制。合作社为达到目的,如聘请某种专家或投资于建筑时,社员须按社章的规定,按其入社年捐款,或合作社扣留其资本若干年。医疗合作社的成立能够为乡村地区解决医疗问题,改善乡村医疗卫生,提升广大农民的身体素质。

3. 调解合作社

调解合作社,其目的在于为广大人民调解纠纷。这种合作社的成立,使社员脱离了法院,在舆论的影响下,自行解决问题。民国时期,政府混乱,在广大的乡村地区,一旦出现纠纷,不便向法院提起诉讼,而调解合作社的存在就恰好解决了这个问题。"由合作社调解复杂而专业的问题,当然是不易做到,不过像普通女人们最易发生的小纠纷,常易引起大争端与深仇大恨,总是在乡村里可以解决的。"[①]

4. 教育合作社

教育合作社是道德及社会合作的另一种。在政府尚不能设立学校的乡村,父母为了教育好孩子,而自愿代聘一位教员或代租一所房屋,尽可能结成团体组织教育合作社,如有愿意识字的或求深造的男女也可参加。"平教会常在倡设自动学校,应当注意,这便是使这种学校独立与永久的方法。"[②]教育合作社不应当由其他性质的合作社来管理,要独立登记,便于教育合作社更好地发展。

5. 生活改进合作社

生活改进合作社始创于印度,其目的就是要借着共同的誓约将希望养成好习惯或者摒弃坏习惯的人联合起来。生活改进合作社,可以解决新生活运动中所包含的一些问题,如麻醉品、刺激品,在大街上的言行举止,不文明行为。用强制力来做道德改进的事,很难长久。所以,"由接受某种改革的人来组织这种合作社,在社员大会中,通过改革案以后,就可以责成社员来履行他的诺言"[③]。由此可以,通过道德来约束人们的行为,使其养成自觉的新习惯,

---

① 张勋仁:"中国合作运动",《乡村建设》1936年第5卷第20期,第33页。
② 同上,第34页。
③ 同上,第35页。

这也正是梁漱溟所倡导的乡约思想。

第二节 《乡村建设》中合作经济理论的研究

一、国外合作经济理论

国际上对合作经济理论的研究,大致有三方面:生产合作、消费合作以及信用合作。由此演绎出了生产合作社、消费合作社以及信用合作社。在国外合作经济理论研究中多为这三个方面的研究。

（一）生产合作

生产合作社于1848年在法国创立。方铭竹曾经在"生产合作社之研究"一文当中,就生产合作问题,分别对工业生产合作社和农业生产合作社进行分析与评述。一方面,将工业生产合作社根据举办者的差异分为三种:独立经营者、由工会或工团举办者、资本性质者。在工业生产合作社赢利分配问题上主张有以下几种:废除利润者、劳资两方共同分配者、仅分配于劳动方面者、仅分配于资本方面者。另一方面,将农业生产合作社根据生产类型分为耕种合作社和农业制造合作社。

1. 工业生产合作社

"生产合作社是一种劳资合作的生产组织"[1],普遍分为工业生

---

[1] 方铭竹:"生产合作社之研究",《乡村建设》1936年第6卷第1期,第25页。

产合作社与农业生产合作社二部门。现先讨论研究工业生产合作社。这种合作社可分为三大类,每类依其性质之不同又可分为若干种。

(1)独立经营

此类合作社可分为三种。第一种是纯粹由社员自己经营,完全以劳资合一原则为根据。其所希求之目的为:一废除雇主阶级,二废除工资制度。此种合作社的特点是不承认合作社中有资本家与雇佣的存在。法国巴黎铁匠合作社为其中的代表。此社社章规定对股本仅给3%利息,不得享受红利分配。所有盈余由社员分摊。社内经理及工人均包括在内,但工人则以失业后而不在社外工作者为限。

第二种是雇佣雇工生产合作社。此种合作社雇主与雇员之间实行劳务有偿服务。例如巴黎眼镜生产合作社,据最新调查,共有社员70人,练习学徒及预备社员共3 000余人,给薪之雇工有1 700余人。

第三种合作社经理有独立指挥生产与营业的最高权力。不少此种形式的合作社在实际运作中,经理在无形中变为雇主,只作营业或生产上的指导,不参加或少参加劳动,导致合作社渐渐失去平等的原则,而且彼此之间的报酬差异特别大,极不平等。

(2)由工会或工团举办

"社会主义之工会或工团主义者本不赞成生产合作社,以其仅造成少数之小资产阶级而与劳动界全体无大利益。"[1]工会和工团因一时之需也会创办生产合作社,又可分为两种。

一、工会生产合作社。各国经常有罢工,工会为救济其会员失

---

[1]　方铭竹:"生产合作社之研究",《乡村建设》1936年第6卷第1期,第26页。

业,自行组织生产合作社。

二、公用生产合作社。此种合作社是因工人不满意于包商而成立。如巴黎有一此种合作社名为"联合与劳工",承揽战时军衣之制造,在1920年之营业额达1 000余万法郎。此种工人以前每人每日平均工资为3法郎,组织此种合作社以后每人每日增至12法郎。

(3)半资本性质

生产合作社为了扩大营业范围,有时求助于资本家。在此种合作社中,劳动者得到解放,雇佣制度得到废除,不绝对排斥资本,对资本的使用允许付给相当之报酬,但却不受资本家之操纵。

"此种合作社之组织是根据社会主义家傅利叶之遗愿。"①他提倡合作团体是由劳工、资本及天才三者组成。资本有参与赢利分配之权,占全额十分之四,劳工占十二分之五,天才占十二分之三。合作团体获得资本的方法有二:一为借债,二为希望资本家之协助。前者因合作社信用薄弱,存在困难。后者事实上不鲜见,但亦不能视为常例。

2. 农业生产合作社

农业生产合作社的种类十分繁杂。本部分内容不仅讨论各种纯粹农业生产合作社,农业上之工业生产合作社亦包括在内。由于农村信用合作社是在信用合作讨论范围之内,故本部分不将其列入其中。

(1)耕种合作社

① 自耕农生产合作社

小农制度的缺点在于耕种效能甚小。如果小农能组织耕种合

---

① 方铭竹:"生产合作社之研究",《乡村建设》1936年第6卷第1期,第26页。

作社,共同耕种土地,则生产效力自可增大。但经营之初殊为困难。"第一,农民之特性为受其田舍,欲使之实行耕种合作,则所有生产用具,如土地牲畜房屋等,均将共同使用。此最为农人所最不愿为者。第二,农产收获报酬之分配,颇难得一正确之标准。土地有肥瘠,耕具有良否,各人所出之劳动力难一,决不能因而平均分配。且耕种合作之组织应以互相毗连之土地作成大农场为宜。如耕地仍为分散,则生产效力仍小。然欲合并为一大农场,使各自耕农之土地一致加入,事实上诚属困难。欲解决此项土地之合并及收获分配问题,可依照股份办法,凡社员土地、耕具、房屋、牲畜之加入合作社共有者,均先精确计算其价值,再按各人提供价值之多少给予股票。以后即按各人股份之多少而取得耕种赢利之分配。此种办法是将不灵动之土地耕具等化为纸之股票。如此对农民大约可使其获得分配赢利之平均。"①

古代农业的共同耕种社会至今仍然存在。例如布加利亚之"家族产业"即是此种社会制度的遗留。此种产业为各人祖先下,子孙有权享受此项产业,每多至六七十人。耕种由长辈指挥,共同劳作,分益则根据性别年龄而定其份额。俄国古代有所谓"密尔",也是公有土地之一种方式。各密尔所有的土地由各该密尔分配于农民耕种。由密尔于五六年或十数年重新整理分配一次。所以土地在事实上虽常为农民所有,不能称之为真正的土地合作,但其富于公有的精神。

俄国在革命前,在赫尔松(Kherson)地方有一种耕种合作社名为阿特尔(Artels),颇富于农业上共同耕种的意义。革命后,农业

---

① 方铭竹:"生产合作社之研究",《乡村建设》1936年第6卷第1期,第28页。

生产合作社极为发达,有 2 万余数之多,社员共计 70 余万人,耕地面积共计 50 余万公顷,都是共同耕种。产量较个人自耕者大为增加。政府又予以经济上的帮助,故发展颇为迅速。美国也有此种合作社。在中亚细亚的巴勒斯坦,犹太人盛行共同耕种制度,且有普遍化的现象。在东欧的罗马尼亚及立陶宛,土地改革后,倡立小自耕农制度。昔之佃农今均成为小地主。各小地主再将土地互相合并,组织耕种合作社,故此种合作社,在此等国家亦颇为发达。

② 佃农生产合作社

自耕农生产合作社在各国虽甚发达,但在农业合作社中最有成就者首推佃农合作社。此种合作社在成立之初,社员均是无土地佃农,仅为一种人之间的结合。由此种结合共同租赁或购买土地共同耕种。此种合作社成立最早者当推爱尔兰之勒拉欣(Ralahine)合作社。早在 1830 年有一富有地主范德路易(Vandeleuy),将所有土地赠予当地农民共同耕种。社内管理人员盖由农民自行选举。成立三年,成绩甚佳。唯此后该地主因在美国赌博失败,产业易主,本合作社亦因而消灭。此后,在意大利此种合作社颇为发达。该国劳力耕种合作社所从事的工作分两部分。"一为包揽公共工程工作,如铁道之敷设。路基之开拓,池沼之干竭,河道之疏通等是也。划为若干小部分,每部分有一合作社员耕种,耕种所得尽属个人所有。二是合作社不出其耕地亦不分配社员,完全保留在社中为社员共同耕种之用。社员为合作社工作,由社中给以工资每五日一次。此种合作社在意大利颇为成功。因意国多佃农,而田地之租赁,均由中间人向地主包揽,颇少直接租定者。今有此种合作社,则此辈之垄断弊端可除。且意大利人口稠密,粮食不敷,有此种合作社之组织,则荒芜之区可渐变为可

耕之地,于农村经济及国家收入上均有裨益。此后该国法西斯专
政亦颇提倡农业合作。惟必须受该党支配,否则没收其土地,该党
所派来之人员,又多昧于合作运动之内容及农业知识,故组织此种
合作社之农民极感到不便。"[1]

③ 消费合作社经营的农业合作社

"消费合作社经营粮食品之售卖,如五谷、蔬菜、牛、牛酪、酒、
油、糖、罐头等物,或来自外国,或产于国内。数量极大,向均由消
费合作社从生产者采办供给于社员。现则多自行组织农业生产合
作社。自置土地生产上述各种消费品,以便本社销售。例如英国
消费合作社多有购买或长期租赁土地自行生产本社所应消费之物
者。满塞斯特合作批发店规模最大。有广大之农场,以事耕种。
国外则在锡兰有茶田一区。亚非西加西部有广大之林场,以收集
油脂原料,用为制造肥皂之用。英国肥皂由本社制出者,资本家之
组织亦不能与之竞争,其规模之宏大可想而有余。其他法、德等国
亦多有经营农业生产合作社之消费合作社。"[2]

（2）农业制造合作社

此类合作社有多个类型,以牛油制造合作与熏肉合作为最
普遍。

① 油制造合作社

这类合作社各个农业国家都有类似组织,而最发达者则为丹
麦。其次为德国、瑞士、挪威、芬兰、苏联及意大利等。

---

[1]　方铭竹:"生产合作社之研究",《乡村建设》1936 年第 6 卷第 1 期,第 28—
29 页。

[2]　同上,第 29 页。

"丹麦牛油制造合作社开创于 1890 年已有九百余所,据 1926 年之统计则共有 1261 所。生产额共达 575 000 000Kraner(每一 Kraner 约合国币 6 角。此种合作社最初由有小牛群者组织而成。"①成立之初所收乳量甚少。今则每社所有之牛数有自千双至四五千双者,乳量总额有达至二万公升(Litre)者。自打乳以至成油均用机器,品质尤佳。此种合作社之组织要件如下:一,社员认购股份以各人所有之牛数为比例。二,社员必须为畜牧会会员。三,社员所收之乳,除自己消费外,应全数送交合作社。四,赢利分配以所送之乳量为标准。不按资本额分配。五,在一定时期,通常为 28 年,作一结束。所有公积财产按股本大小为准摊还农民。

② 熏肉合作社

丹麦的熏肉合作社也十分发达。在 1923 年此种合作社社员占丹麦养猪农家的 70%,且呈增加趋势。为保证公共利益,各合作社后又组织熏肉厂协会,借以促进业务改良,其任务为:一、家畜健康及饲养方法之研究;二、保障产品出口之利益;三、在立法方面图谋保护本营业之规定。

凡加入此种合作社的社员无须出资,仅对于由银行借入的资本负连带保证责任。若来日社务发达,盈余日增,可将此项盈余偿还债务。至此则社员毫无负担,而坐享由社中所获之利。但社员必须履行供给猪数的义务,如有违背则按头科以罚金。社员送来的猪,社中先给以比市价稍低之值。年终再按头数为比例而分派其盈余。此外尚有面包合作社、家禽合作社、屠宰合作社等,其经营原则均大致相同,故不另行说明。

---

① 方铭竹:"生产合作社之研究",《乡村建设》1936 年第 6 卷第 1 期,第 29 页。

（二）消费合作社

消费合作社是购买与销售二者合为一种的经济团体。最早的消费合作社于 1844 年成立于英国罗斯达尔。该种合作社的主要经营活动为供给社员以消费品，有分配货物机关的性质，故又称为分配会社(distributive societies)。[①] 虽说消费合作社是货物分配的场所，但是该组织并不以大批购入货物而以零星出售为最终目的。通常这种合作社有自己的工厂，自制货物，并且直接销售于各社社员。

由于事实上的障碍或资本缺乏，不是每一个消费合作社都有自己的工厂从事制造。但是面包合作社则均是生产与分配二者同时兼办，其他消费合作社兼生产事业的已经屡见不鲜了。而中央批发店为各合作社的给养机关，其经营生产的规模尤为宏大。因此，方铭竹在"消费合作社之研究"一文中，认为"消费合作社为一种货物发售兼生产的经济团体。"[②]

消费合作社，有一种特别的入社规定。即凡常在社中购物的人，可以交少许资本（普通约等于一股的十分之一），即可取得社员资格。再从其在社中购买额每年所摊得的利益中扣除一部分，逐渐补足股本，使其成为正式的社员，享受一切应得的权利。也就是说，消费合作社须负有分配兼生产货物的职能，加上有别于其他的赢利分配方法，才能区别于其他的营业。

1. 消费合作社的发展及现状

在 1844 年以前，虽有与消费合作社相同性质的组织，但未具社

---

① 方铭竹："消费合作社之研究"，《乡村建设》1936 年第 6 卷第 20 期，第 29 页。

② 同上。

会意义,故不能称为真正的消费合作社。真正的消费合作社是罗卢戴尔创立的合作社。该合作社因组织完善,没几年,社员增至三倍,营业额大大增加。到1851年社员人数增至670人。

1847年,英国的普济社,为了社员在消费上的便利,自行制造面包,供给社员,到1856年完全变为消费合作社,贩卖一切日常用品。"该组织仿效罗卢戴尔的方式,业务日渐繁荣,成为当时英国消费合作社中最强大者之一。"①

1863年,伦敦出现了合作批发店,1873年,苏格兰也出现了批发店。合作批发店的成立,成了各消费合作社共同批发货物的地方。不久,又有中央局的出现,该局不久便改组为全英合作联合会。

德国的消费合作社,比其他国家晚出现,而其所处的境遇也与其他国家不同,因此,德国的消费合作社开始时进步缓慢,但后期发展迅速。

法国消费合作社的出现也不是很早。在19世纪初叶,社会主义学说盛行。社会运动者多注重生产合作社,自1863年起又转而注重信用合作社,但仍然以辅助生产合作社为目的,消费合作仍无人顾及,仅有极少数的组织。自1867年至1883年间,在当时若干经济学家的赞助下,共成立了一百多所消费合作社,大多数在里昂。1885年,在巴黎成立了合作联合会,内分中央委员会、购买联合会及合作报馆,并规定每年召开大会一次,"凡入会者皆恪守罗卢戴尔的成规"②。在这次运动中,社会党也创立了多所消费合作

---

① 方铭竹:"消费合作社之研究",《乡村建设》1936年第6卷第20期,第30页。

② 同上。

社,并另行设立社会党消费合作社交易所,集中巴黎各种合作社而独树一帜。

俄国的消费合作社最为发达。1865 年,虽有类似消费合作社组织,但不久均告失败。此后 20 年间,经学者提倡,再加上西方思想的灌输、罗卢戴尔的影响,开始出现了真正意义上的消费合作社。1893 年,人民自卫及结社自由的权利确定后,合作社增至 5 500 所,战时及战后其发展尤为发达,到 1914 年发展到 10 万所左右,1918 年竟达 30 余万所。[①] 自 1917 年后,苏联视合作运动为一种政策,用以节制资本,辅助社会制度的转移。

2. 消费合作社的种类

消费合作社就社员而论,多为工人阶级及中产阶级的人员,"其生活必需品,如衣食住之类,均能尽量给予供给;或设立宏大售品所,发售一切必需品;或设立特种机关销售其他特种物品,如面包、牛油等"[②]。因此,按照经营的性质可分为合作杂货店、面包合作社、肉类合作社、饭店合作社、咖啡合作社、保险合作社等。

3. 消费合作社经营上的问题

(1) 非社员购买问题

组织消费合作社的宗旨在于保障本社员消费上的利益,故有人主张非社员没有向社中购买物品的权利。但是,罗卢戴尔合作社则采取对公众发售货物的制度。在以购买额为比例分配所应得的赢利时,非社员只能得到社员的一半,其余一半拨入公积金,为

---

① 方铭竹:"消费合作社之研究",《乡村建设》1936 年第 6 卷第 20 期,第 31 页。

② 同上。

社员共有。对非社员发售货物尚有两个好处,一是因民众来社购买货物,提高了非社员对合作社的认知度,加大了宣传力度,"是征集社员最有效的方法之一";二是"销路既旺则费用减少,售价低廉,社员负担减轻,是为合作社发展之佳兆"。[①]

（2）卖价问题

合作社的货物出售是以原价出售还是以市场价出售,这是研究消费合作社卖价问题的中心所在。以原价出售,理所当然会比较便宜,而且手续方便。如果按照市场价出售,社员不见得有何利益,将不能引起热烈的购买心,而且,若干日后,又要将所获得赢利分配给社员,这就显得手续繁重了。但按原价出售也存在一定的困难,如社中费用的变动不能预先准确计算,一旦费用超出了原价,难以补偿回来。且售价低廉难免会引发一些社会问题。因此,在消费合作社中,一般采取市场价出售制度。

（3）现金交易与利益分配问题

信用交易使得消费者过度消费,给合作社资金的周转造成了一定的困难。"社中为预防信用交易之损失计,常有提高价格之趋势,致消费者有负担加重之虞。"[②]因此,罗卢戴尔式的消费合作社以现金交易为营业原则之一。对于消费合作社利益分配问题,各学者意见不一。有些学者认为,赢利或利润为资本营业的名词,合作社是非营利机关,不应沿用类似的名词,故有学者提出有"回款"二字代替"利润"两字。"因回款是种'过收',非不劳而获之利

---

① 方铭竹:"消费合作社之研究",《乡村建设》1936 年第 6 卷第 20 期,第31 页。

② 同上,第 32 页。

润。"①即社员在购买货物时所给价格太高,故在年底返还,返还额的多少以购买额的大小为比例。

(三)信用合作社

信用合作社的主要业务在对社员做资金的融通。日本学者佐藤宽次对信用合作的定义为,"信用合作社为合作社之一种,其目的在对社员以最简便之方法供给低利之资金,并奖励社员之勤勉"②。根据此定义可以知道,信用合作社是以调节社员资金的需要与供给为其主要职能。又因为当时的商业网银行对乡村小农或城市小工业并不给予借贷款项,而信用合作社的出现就弥补了此种缺陷。因此,信用合作社有两大特点。一是信用合作社为社员所经营并为社员所利用;二是此种合作社以人格为信用担保,但并非所有信用合作社都能够以人格作担保的,如德意志及其他国家的土地或不动产抵押协会。但是,"此类信用机关仅具有合作社性质之半,不能完全担负救济贫民之职责"③。至于完全意义上的信用合作社则是社员自动组织,彼此之间相知甚熟,不至于有互相欺骗的问题。

1. 信用合作社史略

德意志为信用合作社发祥地。其最初创办人在城市为休士(Schultze),在乡村则为雷发巽(Raiffeissen)。休氏于 1849 年设立"友谊会",同年组织鞋匠协会,为共同购买原料之机关。1850 年始在其本乡奎利奇(Qelitsch)成立"贷款会",1852 年在邻乡吉伦林

---

① 方铭竹:"信用合作社概论",《乡村建设》1936 年第 5 卷第 20 期,第 32 页。
② 同上,第 19 页。
③ 同上。

格(Gilenlerg)经营信用合作,采取股份制度,这就是信用合作社自助结合的开始。

雷氏则于1848年在魏尔伯维奇(Weyerbwsch)设立合作社,以分发谷物及面包给贫民为主要目的。次年创办贷款会以救济贫民。会员多为慈善家,以低廉的价格出售耕牛给农民。1861年,又在其他地方设立了另一合作社,借款的农民均为会员。休式和雷式信用合作社各因其所处的环境不同而有所各异。

1859年举行了合作银行会议,作为联合会,而以休氏为会长,直至1883年。1867年,普鲁士颁布了合作法,1889年德意志的合作法也来源于此。

1866年,雷氏发行《借款会》一书,内述信用合作有两种,一种以安哈森(Anhansen)的合作社为模范,适用于各乡村地区。在工农混杂的地方则效仿休氏的股份合作设立了黑德斯多伯(Heddesdorb)合作社。直至1873年另改为新组织——雷发巽银行。后来的农村信用合作社多仿效此方法。1877年,农业信用合作社联合会成立,会员包括全德各地人民,而西部地区尤为多。1883年,德国农业合作社联合会成立,至1905年,两机关合二为一,成了联合会。

2. 休式信用合作社

"休式信用合作社为谋社员借款便利之团体。"[①]其资金来源有两个,一种是物质的,一种是非物质的。前者为股金,后者为负有无限责任股东的资金。每一社员至少拥有一股股金。股金额数以不妨碍小工业家入社为度。其定额在各社中有所不同,普通至少

---

① 方铭竹:"信用合作社概论",《乡村建设》1936年第5卷第20期,第19页。

为 100 马克。"至股金较高原因为易获得必需资本及奖励自助与储蓄,而后者尤为创办目标之所在。"①可见,休式信用合作社,是一种赢利机构,含有浓厚的城市色彩。

在赢利分配方面,约分为两部分,一是公积金,其他一部分则按照股数提取百分之十。社员须缴纳入会费,并纳入公积金部分。通常规定设立最初两年的赢利拨入公积金,后者再按年提取百分之十五至二十作为公积金。公积金具有补偿亏损的作用,因此,一旦使用了公积金,便要及时补足。而股本与公积金也必须分开存放,这样才能"坚固合作社之基础"②。

(1)资金来源

对于合作社资金的获取通常有两方面,一为存款,一为向社外其他机关请求贴现。存款又分为社员及非社员小宗存款、大宗短期存款、合作社向私人或者公司以及其他信用合作社的借款、延期账、公款寄存五种方式。这保证了信用合作社的资金周转。另一种吸收资金来源方式是再贴现,"合作社需款时可将贴现于社员或非社员之票据,再向非合作社之信用机关请求贴现,俾金融上周转灵活,是为款项之一种来源"③。

(2)资金放贷

存款和再贴现可以说是信用合作社吸收资金的方法,而休式信用合作社在放款经营方面也有两种渠道。一为放款,一为贴现。

放款分为普通放款和往来透支两种。普通放款就是社员借

---

① 方铭竹:"信用合作社概论",《乡村建设》1936 年第 5 卷第 20 期,第 20 页。
② 同上,第 21 页。
③ 同上。

款,限于若干时期后清还,或者以票据形式,约定在若干时日清偿此票据。普通放款又可以分为信用放款和抵押放款两种。而信用放款是纯粹出于对人的信用而放出的款项,无任何抵押物品。抵押放款是对物的信用而放款,即在社员贷款时以动产或者不动产作为抵押,此种放款方式,大多因为社员信用不佳,或者贷款额数较大,为避免资金发生危险而采取的一种方式。往来透支放款则是借款者交付合作社一种票据,而向合作社借得若干款项,但不能即时提用,须将该款项存于社中,日后需使用时,凭支票支取。

3. 雷氏信用合作社

雷式信用合作社,实际上是休式的平民银行,适用于乡村农民。鉴于农民生活之困苦,特于 1848 年创立农村信用合作社,从金融上改善农民生活,养成储蓄习惯,利用彼此的储金来满足社员的需要,并借宗教团结力灌输社员思想道德。因此,社员都是在一定区域内生活,经营着固定生产,而且已受宗教熏陶才能成为合格的社员。

雷式信用合作社是整个农业合作组织,不但做金钱上的融通,而且兼营共同贩卖业务,单经营金融业务的比较少。对于其责任和股份亦有其特殊的性质。雷式主张不需有形资本,仅以社员人格信用为资本的唯一来源。因此,"社员所负责任不能不为无限的"[1]。自 1889 年,德国颁布合作法,凡是合作社均应按股出资,雷式合作社亦不能例外,但其所出金额甚微,每股由十马克到十二马克,最多不超十五马克。社员投票权也与其他合作社相同,采取平等主义,一人一权。

---

[1] 方铭竹:"信用合作社概论",《乡村建设》1936 年第 5 卷第 20 期,第 23 页。

（1）资金来源

雷式信用合作社的资金来源比较简单，不外乎社员出资、储蓄存款、借款、放款利息、手续费及剩余金等。而社员及非社员的小额储蓄存款、非社员的巨额存款以及中央信用合作社往来存款则是雷氏信用合作社的重要来源。

（2）资金放贷

对于放款方面，由于雷式信用合作社的特殊性，放款仅针对社员，并且条件甚严，不能轻易使社员请求借款，以避免资金的浪费。

雷式信用合作社的放款有三种形式，第一种为普通放款，又分为三类，即保证放款、土地抵押放款以及有价证券抵押放款。其中保证放款最为重要。此种放款必须首先调查借款人的信用、事业心及款项用途。必须确经借款人声明是使用在生产且确有成功的把握方可给予放款。第二种为往来透支款，此种方式与休式信用合作社相同，在休式信用合作社中应用比较广泛，但在雷氏信用合作社中应用较少。第三种为买卖土地放款，此种放款必须有余款时方可放款，并非合作社的主要业务。社员买地可向社中支付地价，或者社员因需款而出售其土地，但正值地价低廉，则可由合作社自行收买，或由合作社暂时收买，待地价提高时再出售，而将由地价提高而获得的利益归还业主。

二、国内合作经济理论

（一）中国合作经济组织的介绍

蓝梦九提出："想要使中国变得富强，必须先发达中国的产业，想要发达中国的产业,必须先改进中国的农业,改进中国的农业,除了用机器和科学方法外,别无他途。但是用机器和科学方法,非依赖合作社不可。"①在乡村建设者的倡导下,乡村地区自发形成或乡村建设者引导发起的合作组织主要有以下几大类:

1. 农业生产合作类

第一,合伙租地,即耕地利用合作。一家耕地不够用,而劳力每月宽余,如果单独租地,经济又不允许,为了集中同样情况的人合伙租地耕种,数家贫困农家一起向地主商量租地,订立契约,其中要有相当的人做担保,租价在秋收后付,耕种时,每家都出人工一起耕种,购买肥料种子也是同样出资金。"庄稼成熟收获之后,合租生产量的多寡,先交清租价,交清租价后所剩下的都平均分出",但是普通合伙租地的人,多数是用来种瓜类或者蔬菜类,因为它的利益比较多。"当秋收后交租价的时候,常将自己土地里所收获的卖出一部分,按股凑集,共同缴纳给地主。"②

第二,耕地会,又名称耕地社。实际上就是耕畜利用合作,秋末农忙耕地,贫困的农家因为没有牲口,常常乞怜富家的牲畜来使用,时常误了农时。因此常常是三家四家不等,按亩数出资,共同购买牛,共同饲养,共同使用。若是有不出钱买牲口的,则专门负责饲养,到耕种的时候轮流使用,如果有自己不耕地的,可以雇两三个人轮流耕种各家的地。

第三,括具,又名伙具。贫穷的农家,因为没有办法单独购买

---

① 蓝梦九:"中国农村中固有合作雏形的记载",《乡村建设》1932 年第 2 卷第 2 期,第 1 页。

② 同上,第 2 页。

饲养牲畜,更加无力购买全套农具,于是自行组织农具社,或张姓买牛,王姓买马,李姓买农具,赵姓买大车,合伙交换使用,各自保管饲育。

第四,耕种合作。有的农家喂一头牛或者是骡,但是缺乏耕种之人,更有农家耕地很少,无力购买牲口,而有剩余的劳力,于是两家或者三家合作,共同耕种。即没有牲口的农家到有牲口的家中帮助耕种,有牲畜的借牲畜给劳力之家耕种,交换畜力与人力。

第五,灌溉组合会,又名合伙水车或者官井。其性质为灌溉合作,贫穷的农家耕地甚少,于是一同集资,凿井买车,轮流灌溉。其组织三四家不等,出资以耕地多少以及距离井的远近而定。

第六,合伙大车。贫穷的农家耕地甚少,不能购买大车,每到秋收之际,就感受到了无车运输之苦,于是集合本庄有同样情形的两三家,合伙购买大车共同利用,至于牛或骡,则各自购买。

2. 家具利用合作类

第一,器具社。民间遇到婚姻丧事,用桌凳等器具比较多,又抬花杠等,单单一家制作,较为困难,于是发起器具社,组织若干户,按户摊钱若干,制婚姻丧事必需的器具,选两人为社长管理,放置在公所,或者轮流负责保管,不允许私人存留使用,使用者使用时若是有破损,应该赔偿。

第二,瓷器社。农家遭遇婚嫁丧事,宴客时,用碗碟盘等瓷器较多,一人购买困难,于是联合十家,或者数十家组织瓷器社,每家摊钱若干购买瓷器,然后推选一人保管,社员遇到红白大事时,可前往取用,如果两个社员同时有婚丧大事时则分用,使用者使用时若是有破损,应该赔偿。

第三,毡被社。农家每逢婚丧大事,宾客众多,如果遇到寒冬,毡被不够使用,遂组织数十家,齐制毡被,推荐一个人保管,专门供社员家中婚丧大事时使用。

第四,木板会。"乡农筑墙用木板,常感不便,一人又难于购买,于是集合同村庄中一二十家组织木板会,每月纳钱若干,推荐会长一人来保管,储蓄一年或者两年,会长则拿出这些钱来买木板,制成盖屋时所用之墙板,会员使用不需要交纳钱,借给非会员使用时,必须收取一定的借金"①。借金积累三年后,会员中有急需用钱的人,可以无息借贷,但是日期不得超过一年,若会员中没有急需用款的人,会长即将借款借出生息。有兼营合作社的性质。

3. 置产合作类

第一,造屋社。贫困的农家感觉财力与人力不足,建屋困难,于是发起组织造屋社,"邀请同样的六户至十户,每当一户建造房屋时,其余各户每户出洋十元或者二十元,并出土坯几百个,壮丁一名,建屋者将这些钱和土坯集合起来,又得人工帮助,遂可以建立新房屋"②。

第二,购地会。想要购买耕地的农家,苦于单单凭自己的资产不足够,于是集合多数想要购买土地的同样情形的人,先储蓄,并且放出生息,等到资金财力足够时,则用来购买耕地,按出资的多寡来分割土地。

第三,房屋会。前两项是置私产,房屋会为置公产而组织,农

---

① 蓝梦九:"中国农村中固有合作雏形的记载",《乡村建设》1932 年第 2 卷第 2 期,第 3 页。

② 同上,第 4 页。

家借用公共地,或者由富家出一块地,联合三十户或者五十户,按贫富等级纳款,共同建筑一房屋,如果会员有婚丧事时,都可以在此处接待宾客,这样可以减免搭棚撤棚等麻烦与浪费。

4. 劳动合作类

第一,屋社。交换劳动的组织,社内的成员,一家建造房屋,"其他家都去帮工,日期三天或者五天不定,各人回家吃吃,有事故不到者亦任之"[1]。

第二,肩膀会,又名为抬活抬死会。贫穷的人家,每有剩余的劳动力,就组织此会,会内的成员有喜庆或丧忧之事,则相互帮助,不收受报酬,会外的人有喜庆或丧忧之事,帮忙后,则收取相当的报酬来平分。

第三,公议会。这是共同劳动的组织,由会员三十九人组织而成,分为六排,一二三排每排六人,四五六排每排七人,从会员中选一名作为会首,遇到本庄有丧事,由会首包办开填、埋葬等事,所包工作,各排轮流担任(如此次开填,第一排担任,再遇丧事,则第二排担任,不论先后,均按此次序轮流,埋葬时,全体会员帮工),各排会员由排长召集,如果有会员不到,则另行找人代替。所有的一切费用,均为不到的会员负担。使用器具,各人自带。

第四,与轿社。这个是被动的劳动合作,族长或者村人见族中或村中有贫寒不能糊口的人,有勤于中,就提议按地亩摊钱,制作与轿、植旗等,与贫寒的人共同建立与轿社,由贫寒者共同经营。社员有红白事时劳动不收报酬,但是能出赁于非社员,收取相当的

---

① 蓝梦九:"中国农村中固有合作雏形的记载",《乡村建设》1932年第2卷第2期,第6页。

租赁金,并与劳动结果的报酬,概由经管者使用。有劳作合资的性质。

5.工业合作类

第一,工匠会。乡间小木工人,自己不能伐木解锯,并且苦于没有足够的资本去购买斧锯,一人购买,乃齐合若干木工,凑资买树木,合伙做工,所得利益平均分开。

第二,公共染房。庄中的人为便于染布,集资组织一染房,买染料及染布的人,由全村各家轮流担任。

(二)中国合作经济理论的评价

1.共产主义与合作

在共产主义与资本主义的歧路上,合作制度向中国思想家求援。中国文化像非洲文化那样受着西方思想的冲击,被机械经济压迫摧毁。一些知识分子对于这种情形与习惯已经有了改变,小农与乡村手工业遭受着工业品的侵入及农产品落价的打击。这些势力再加上天灾与内外的扰乱,减少了农民的收入,增加了他们的负担,并且被不断地剥夺土地与生计,使人民向往有计划有组织的共产主义。广大农民"希望得到他们从来被拒绝的丰富的一份,而热心改革,欢迎共产主义"[1]。

2.资本主义与合作

从资本主义角度来看,即使是有思想的人,也未必喜欢受政治经济生活所左右的中国景象。即使是在资本主义制度下,合作制度被多数人所要求。"这种合作制度,是一个国民生活的计划,介乎于资本主义与共产主义之间的,并不是要摧毁资本主义,而是利

---

① 张勋仁:"中国合作运动",《乡村建设》1936 年第 5 卷第 20 期,第 26 页。

用资本主义,使其联合成自由团体,在同一团体内,人们在经济上平等。"①可见,在国民政府统治的大背景之下,一些学者主张通过资本主义的关系,来达到合作的目的。因此,中国的合作事业和资本主义存在一种利用关系,这与"中体西用"的思想相近。以中国固有的传统思想为根基,利用西方资本主义方式、手段来发展中国合作事业。

3. 道德与社会合作

在合作经济的思想上,中国与欧美情形不同,西方思想对东方文化的打击比西洋物质文明的力量更加巨大,使中国旧的传统有所动摇,新的文化思想不断兴起。但是在传统文化根基牢固的中国,在合作制度上仍然保留了自有的特色,就是与道德相结合。结合了中国传统的乡约思想,乡民自觉遵守乡中秩序,逐渐形成一种默契,一些乡村自行发起的组织甚至延续至今。

第三节 《乡村建设》中合作经济应用的研究

一、中国合作实际问题

在合作中难免会遇到诸多问题,章元善在"中国合作实际问题"的演讲中对中国合作问题做了详细介绍,并对各种问题进行了深刻的阐述和总结,这些问题的克服在乡村建设运动中对于充分

---

① 张勋仁:"中国合作运动",《乡村建设》1936年第5卷第20期,第26页。

赢得农民信任提供了重要指导作用。笔者经过综合统计分析,认为问题大致可分为三方面。

(一)"对象的愚驽"的问题

对象的愚驽,即乡村工作的对象是农民,农民大多数不识字,文化水平低,理解力差。由于农民理解能力差而给合作组织的宣传和办事能力增加了难度。

守旧依赖也是农民的特性。在与他们谈合作的时候,他们的态度不是不听这种从来没有听过的新话,便是听了三言两语之后,就不耐烦地跑掉了;即使有耐心听完以后,也依然是没有什么反应。乡村一般的农民,自己没有独立的思想,事情的好坏,辨与不辨,总是听从村中一二领袖的主张,他们自己不会决定。这种守旧依赖的习惯是我国乡村长期遗留下来的问题,要想一时改变乡民的这种习性,显然不可能。

还有乡民有怕事心(就是苟且偷安)及怕官心(此处所谓官是指从城里来的人)。因为农民向来没有组织,遇事往往吃亏,敌城里人不过,养成这种怕事怕官的心理。乡村农民更多的是因循守旧、安于现状,众事莫理,"莫管他人瓦上霜"。要让他们接受新的东西,并非一件易事。

凡此种种,对合作工作影响重大。[1] 所以,合作组织必须要站在农民的角度,多为其着想。此外,合作组织还需与其他方面的乡村建设工作相结合,如教育。通过提高乡民的知识文化水平,提高乡民识字率,从而提升他们对合作事项的理解能力。通过知识的传播,逐渐改善他们"依赖、守旧、怕事、怕官"的不良习惯。

---

① 章元善:"中国合作实际问题",《乡村建设》1936 年第 6 卷第 1 期,第 5 页。

（二）"乡人的怀疑"的问题

"乡村人民往往以为城里边来的人,总是欺负他们,不大会给他们什么有利益的好事。"①合作组织到乡村宣传合作,常常会有这样一个问题,乡民不听或听而不懂的人不用说,就是听而懂了的人,依然怀疑合作者为什么会给他们办这么好的事。他们听着虽觉得很好,但不会马上接受,至多当时说声不错,再不会有别的反响。一方面,乡人以为政府派来的人,为着奉行公事;在他们心目中,政府所办的公事,是不会有益于他们的。不过,为着怕官心理的驱使,不得不接受。另一方面,农民对合作社毫无认识,既没有见着有什么好处,又觉与脾气习惯不适合,都裹足不前。

"城里边来的人"是指到乡村组织工作的知识分子,由于农民与知识分子之间存在沟通的问题,工作难做。对于农民来说,合作组织显然是一个崭新的东西,它的好与坏、成与败,对任何人来说都还是一个未知数。这也难怪乡人会对其产生怀疑。因此,建立起知识分子与农民相互沟通的桥梁,成为合作组织得以举办和发展的首要因素。通过沟通,使乡民更好地了解合作组织是为其谋利、为其谋发展的组织,进而打消"乡人怀疑"的念头,合作组织才能更好地发展。

（三）合作组织管辖范围过广

在当时的许多农村合作组织中,大多合作组织都按华洋义赈会章程的规定来管理本合作社事务。在各乡村合作事业区域范围的选定问题上,按照华洋义赈会的规定,有两种划分方法,一种是以一村为限,一种是以附近数村为限。当时乡村办理合作事业的

---

① 章元善:"中国合作实际问题",《乡村建设》1936年第6卷第1期,第5页。

条件不足,诸如资金不足、管理人员不足、组织不完善等,因此在乡村地区中,能以一村为限而办理合作组织者极少,而大多数是以附近数村为限,如河北省涞水第一信用合作社的区域,就是以附近 30 里为范围。

合作组织管辖范围过广,由距离产生的问题有两方面,一方面,乡村农民因路途遥远而不参加该组织;另一方面,管辖范围过广,无形中给合作组织者增加了工作难度。因为一个合作组织的服务范围是附近的数村,难免会因村与村之间的关系产生一些问题。一个村,本身就是一个团结的大组织,一旦在一些问题上与其他乡村发生了冲突,如利益分配问题、技术指导问题等,处理不好,便会引起村与村的矛盾,甚至大动干戈。

但从另一个角度来看,合作组织管辖范围广,即可把附近几个乡村联合起来,使其形成一个更大、更团结的组织体,不但有利于乡村合作组织的开展,在一定程度上也有利于乡村经济环境的改善,有利于乡村建设工作的顺利进行。

二、具体部门应用合作

在《乡村建设》对合作组织具体的研究中,对邹平实验区合作组织的介绍研究最多。邹平实验区合作组织的发展,可谓是后起之星,在梁漱溟乡村建设理论的指导下,更是受众人所瞩目。因此,对邹平实验区合作组织的研究显得非常有必要。在此,笔者列举邹平实验区合作组织情况以做分析说明。

邹平实验区合作组织有梁邹美棉运销合作社、蚕业产销合作社、林业生产合作社、信用庄仓合作社、购买合作社以及信用合作社六种合作社。梁邹美棉运销合作社的主要工作是推广棉种、棉花脱籽加工及棉衣联合运销,其次是青苗贷款和运销贷款。蚕业社的主要工作有改良蚕种、共同饲育缫丝及联合运销,其次为生产与运销贷款。林业社的主要工作则是利用荒山植林。信用社的主要活动为借款、放贷、储蓄。信用庄仓社的主要工作则是现金、谷物借贷与存储,且又以所存的谷物为准备,联合发行"庄仓证券"①,为各合作社金融周转提供方便,并且由县金融流通处代为兑现,具有辅币的功效。购买社因其成立时间短促,仅从事煤炭的购买,但是该组织含有沟通各社机能与试办单位兼营业务的含义。邹平各合作社的发展情况如表4-1所示:

表4-1　1937年邹平实验区合作组织发展情况

类　　型	合作社数量(所)	社员(户)	股金(元)
梁邹美棉运销合作社	156	2 632	3 826
蚕业产销合作社	21	1 671	74
林业生产合作社	23	994	757
信用庄仓合作社	58	2 914	4 481
信用合作社	48	1 095	2 497
购买合作社	1	76	84
合计	307	8 828 *	12 422 *

数据来源:《乡村建设》第6卷第17、18期合刊。

* 原刊如此。

(一) 梁邹美棉运销合作社

梁邹美棉运销合作社创始于1932年。该社成立之时,工作多偏重于经营业务发展与倡导设立单位社,截至1937年,单位社的

---

① 山东乡村建设研究院编辑部:"绪言",《乡村建设》1937年第6卷第17、18期合刊,第1页。

组织数量增加很多,业务比以前也较为发达,因而活动的方向转重于实质的增进,以建立梁邹美棉运销合作社的基础,而达到自主自立的地位,如轧花厂的建筑、轧花机器的设置等。"次则中国合作事业为创始之期,一切进行多恃自行探讨研求,梁邹美棉运销合作社过去其内部组织自村社以致联合会均为自创的制度,只设执行机关而没有督察机关,这是由于认识乡村社会与乡民的态度而有意安排的。"①1935 年 9 月合作社法颁布实施,梁邹美棉运销合作社为求合法,不得不改变旧制,1936 年开始即改组各村庄及联合社的内部组织,这是梁邹美棉运销合作社创始以来的一次重大改革,也是梁邹美棉运销合作社最重要的举措。

(二)邹平蚕业产销合作社

蚕业产销合作社自 1932 年成立,发展到 1937 年,已有了五年历史,但是过去因为社员对合作社缺乏认识,遇到事情多数是漠视而不赴前,致使社务几乎完全由指导人员代办。而后,社员的观念渐渐转变,开始参加合作社的活动,这是很难得的现象,不过还是没有脱离开辅力,并且以辅力为主,但是合作社的发展方向是往自主方向走的。

各社养的蚕,是由研究院农场替他们催青扫蚁后才各自拿去饲育。这种方法,可以是合作催青,既节省了经费又避免了损失,现在各乡都已经采用这种办法。社员对于饲育,都很听从指导员的指导,发育都很齐一。如 1937 年,城镇附近美井村、中兴村、黛溪村、石家庄等六七庄,成绩最好,平均每张蚕种产丝二十五六斤。

① 山东乡村建设研究院编辑部:"梁邹美棉运销合作社第五届概况报告",《乡村建设》1937 年第 6 卷第 17、18 期合刊,第 18 页。

"三乡的蚕算是失败了,失败的原因不是因为饲育不佳,而是因为所饲养的蚕,都是第二次购买到的蚕种,相比城附近诸社的蚕晚了几天,五龄时,遇到极热的天气,又因为各社的设备多半不完善,把蚕都热死了,因此统计少收蚕丝三千斤,损失价值洋一千五百元。""明年我们要早买蚕种,改良设备,自然就没有这种失败了。从前有句谚语:'蚕收暖,麦收寒',因此大家就只知道蚕怕冷,不知道蚕怕热,只有防冷设备,没有防热设备。"①

在该社成立后几年来,各社员所产的鲜丝,都由农场代为烘干缫丝出卖,大家只管来领丝款,一切事情都不过问,这样下去很不合适。一旦农场不代办,社员还是没有办法独立养殖。所以"今年在稚蚕时期农场协同合作委员会指导各社,组织联合会,由各村社的理事监事,互相推荐联合会中的五个人,监事三个人组织理事会、监事会,设立办事处,练习自己做事"②。

(三)邹平林业生产合作社

邹平的地势,南部多山适合造林,故自改制为县政建设实验区后,就将地势适宜种植且与村民生产情形所相适宜的地方划第一、第二、第三乡为林业改进区。区内各村附近的荒山,都由邹平县政府派人制定山场,准许村民成立林业公会合作造林,并且由县政府于多山各地制定林场数处,由县政府直接经营,把它作为村民的模范。至于奖励及保护工作,均由县政府制定规章,严厉执行,或者由各乡村自动拟定公约,呈请县政府核准施行。邹平的实验计划

---

① 山东乡村建设研究院编辑部:"邹平蚕业产销合作社第五届概况报告",《乡村建设》1937年第6卷第17、18期合刊,第103页。

② 同上。

中关于合作社的计划,列有倡导开办林业合作社一则,规定于第三期即 1934 年进行。于 1933 年开始将各村已经成立的林业公会改组为林业合作社,以使其组织更为严密,直至 1934 年,共计成立者达 30 处,时值春季,共植树 8 万余棵,其树苗均是县政府的苗圃所育。至 1935 年春,社数没有增减,播种树苗,共计 522 500 棵,所有种子,都是各社社员集资购买的。唯独不幸的是年春季大旱,各社所播种子全部枯萎。至 1936 年春季因合作社法施行,"各社均重新登记,先后经县政府核准完成登记手续的,共计二十五社,社员一千九百四十人,林场面积九千零八十亩,植树株数九万三千棵,预定植树完成年限最多的三十年,最少的两年"①。

（四）邹平信用庄仓合作社

邹平庄仓合作社,自 1934 年冬开办,当时以农作物收获较丰,谷价低廉,县政府为调剂食粮及发展农家经济,于是根据内政部颁布的各地方仓储管理规则及山东省政府催办各县地方积谷备荒通令,并参考地方需要,订立全县普设庄仓会合作社办法,推动各乡举办庄仓合作社。当年共成立 147 社,社员人数为 9 465 人,存粮 5 300 余石,一二两乡所属的庄仓合作社,由农村金融流通处协助,发行庄仓证券 4 000 元,以期仓积之食粮发生融通农村经济的机能。唯独这种合作社,凡是村内有地户主,均须充任社员,组织既欠健全,又没有社章可资遵守,其业务的活动,都是依照《邹平实验县普设庄仓合作社办法》,用政治力量推动,未真正按合作方式来进行,想要达到合作的效果,有整理改进的必要。

---

① 山东乡村建设研究院编辑部:"邹平林业生产合作社第四届概况报告",《乡村建设》1937 年第 6 卷第 17、18 期合刊,第 121 页。

合作委员会根据上述事实的需要,确定整理庄仓合作社办法,将庄仓合作社改为信用庄仓合作社。此新改组成立的58所信用庄仓合作社,共有社员2 914人,共认社股4 480股,每股金额2元,共计股金额8 860元,已交股金额共计5 160余元。

（五）邹平信用合作社

邹平的信用合作社,至1937年已有三年的历史了,在这三年期间的工作可分为三个阶段。第一个阶段是自1934年冬季研究院训练部学生下乡实习开始宣传起,至1935年7月合作专业指导委员会成立并接受指导止,为萌芽时期。在这一时期,关于宣传指导方面由研究院乡村服务训练部下乡实习生担任。考核登记,由县政府四科担任。调查社员的信用,监督社员贷款的用途,由县农村金融流通处担任。当时"成立者二十一社,社员三百一十四人,股金八百七千元,贷出借款六千六百元"[1]。在这一期间,进展虽然快速,但是因为指导上的不统一,与民众没有合作的意识,因此组织方面缺陷甚多,而业务方面也未能展开。第二阶段是自1935年7月合作事业指导委员会成立开始,至1936年3月依照合作社法重新登记为止,为整理时期。在这一时期,除了将旧社依照新订通用社章加以改组外,尤其注重社员职员的成分、社址的设备与章则表册的运用。在新社的成立,则注重稳健,而不重急进,因成立太急最容易蹈粗制滥造之弊。指导方针除了顾全社员的经济利益外,尤其注重合作精神的培养与组织及业务的训练,以期达到自动经营的目的。第三阶段自1936年3月合作社依照合作社法重新登记

---

[1] 山东乡村建设研究院编辑部:"邹平信用合作社第三届概况报告",《乡村建设》1937年第6卷第17、18期合刊,第141页。

起，至 1936 年年底截止，为发展时期。这一时期，除了由合委会开办讲习会训练各社职员，使他们明了合作意义与增加经营合作社的技术外，还指导各社社务会议，以期养成集会议事的习惯，使理监事会发生作用。合委会指导各社增加社股，办理储蓄，充实资金，开展业务。

（六）邹平购买合作社

邹平合作社到现在，都是单营组织。在一个村庄，总有几个合作社。如六乡共计 18 个村庄，而有 24 个合作社，各村如果再成立购买社，很多不方便，而且也不太经济，于是决定以各村所已有合作社为单位社。若一村有两种或者三种合作社时，即由其二社或者三社合起来作为一个单位，加入联合会。故六乡购买社，没有下属村单位的组织，而是利用其他合作社村单位社的组织。这种合作社是以联合社为单位的。

第五章 《乡村建设》的农村金融问题研究

第一节 民国时期的农村金融

一、民国时期农村金融缘起

民国时期,由于中国社会正处于大变革时期,受西方民主思潮的侵扰,中国社会各种思潮泛滥,尤其经济思想极为活跃。中国的金融思想也进入了快速发展时期,其显著特点是有关金融思想的著述兴盛、流派纷呈,既有中国古老货币金融思想的余音绕梁,又有西方最新金融思想学说的引进;既有最科学、最激进的货币金融理论见解、荒诞无稽的主张,又有异想天开的观点。中南财经政法大学朱华雄教授将民国时期金融思想的基本流派归结为三大流派:1.中国传统的金融思想;2.西方金融理论;3.马克思主义金融学说。这三大流派既共生共存,又相互论争。由于三大流派在研究的视野、研究的方法、研究的重点、认识的层次上存在差异,论争整合的结果也自然而然地出现了差异:中国传统的金融思想日渐式微,西方的金融理论迅猛发展,而且在民国时期一直处于主导地位。马克思主义金融学说也得到了广泛传播,并且中国的马克思主义者以其鲜明的批判方式使得马克思主义金融学说日渐兴盛。

二、民国时期农村金融概述

(一)民国时期金融市场概述

民国时期的金融市场的主要特点为国内通货紧缩、工商业、金融业危机四伏。1934 年,美国实行购银法案,世界银市场银价高涨,当时,上海中外银行有大量白银库存,然而,外资银行却把大量白银(包括银条和银圆)运往伦敦市场出售,仅 7 到 10 月上海就输出白银超过 2 亿元。大量的白银外流,顿使国内通货紧缩,工商业、金融业危机四伏,不少商店和银行、工厂、钱庄纷纷倒闭。国民政府采取征收白银平衡税的办法进行干预,但无济于事,还引起了白银风潮。1935 年 11 月,国民政府为了拯救中国的金融市场,宣布放弃银本位,白银由国家收购,实行汇兑本位制,并发行新的货币——法币。

民国时期的证券市场,是中国近代证券市场发展史中变化最复杂、内容最丰富的时期。该时期,中国近代证券市场经历了形成、发展和衰亡。证券交易市场沿袭晚清的发展,迅速突破"公会"和"茶会"的松散市场形式,形成了有组织的证券交易所,证券交易形式也由当初仅有现期交易的单一形式,渐渐发展为便期、现期和定期等多种交易形式并存。然而事情的发展并非一帆风顺,1921年"信交风潮"的爆发,使得产业证券市场又一次跌入低谷,公债市场迅速取而代之,而且发展迅猛,后来居上。直到 1939 年 2 月,都是这种公债唱"独角戏"的财政市场。40年代初,当公债市场开始衰落时,股票市场在上海租界悄然复苏并且迅速繁荣。然而,此时出现和发展的股票市场,是社会游资投机需要的结果,而不是产业经济发展的产物,与产业经济联系很少。从此,中国股票市场因缺乏政府及市场的有效监管,渐渐走上脱离产业经济的畸形发展之路。

（二）农村金融流通

民国时期的农村,基本是自给自足经济。农业一蹶不振,畜力不足,耕作粗放。1935年,国民党又发动内战,田野荒芜,农村经济日趋衰落。木材、香菇、竹笋等产量锐减。因此,急需成立一组织,为农村发展筹集资金,为农业发展扬帆起航。

1. 农村金融流通处的成立

农村金融流通处的成立,其用意在于"吸收都市资金,调剂农村金融,资助合作事业,推进一切建设"①。具体有以下几方面:

（1）为征收赋税的收纳保管现金机关,征收与保管现金的职务分离,避免征收人员侵蚀挪用税金。

（2）保管教育基金、建设基金,合理运用,而减少存放于商号或私人手中的意外损失。

（3）作为全县金融规划总区,运用保管公款,加大货币流通速度,减少农村资金缺乏的痛苦。

（4）控制金融,减少高利贷盘剥,增进农村生产与运销机能。

（5）从放款乡村及指导人民经济活动的作用中,增进农民对

---

① 邹平农村金融流通处:"邹平农村金融流通概况",《乡村建设》1936年第6卷第6期,第33页。

政府的信任,便于政令的推行。设立之初,限于资金,业务甚少。如邹平实验区,1934 年 10 月,县政府议定于三年内分期筹足资本 10 万元,截至 1936 年年底,已筹资金 7 万元,三年内利益滚存 3 233.864 元,公积金 1 466.163 元。[①]

农村金融流通就业务性质而言,可分为三类:

(1)经营农民银行的业务

农村金融流通处放款各信用合作社农户时,不用任何担保抵押,只好严密考察用途,务使其用在生产方面,如掘井贷款、购买耕牛家畜贷款、购买肥料种子贷款等。以上各种贷款期限较长,有至两年的,月息不过 8 厘左右。此点颇近于农民银行的性质。

(2)应用商业银行手段

农村金融流通处的固定资金,大概完全放于农村,救济生产。其余所收各种存款,除定期存款的一部分可放给各信用合作社外,如短期存款、暂时存款,为存户准备临时的收取,不便放给农村。有时放给商号作为活期生息,或存于各大银行赚利息,作为往来透支,或用于外部汇兑。此点颇近于商业银行的性质。

(3)经理县金库

"所有税负,悉由本处征解保管,县地方教育建设各项基金,也由本处保管,并由本处拨给县属各机关、各学校经费。"

例如,邹平实验区农村金融流通处,于 1933 年 8 月创立,1934 年奉令改组。遵照章程第六至第八条规定,采用银行组织制度,设有董事会、监察员。只有董事会、监察员与普通银行不同,董事由

---

① 邹平农村金融流通处:"邹平农村金融流通概况",《乡村建设》1936 年第 6 卷第 6 期,第 33 页。

县各乡学学长中聘任七人,由商界中聘任两人,县政府中的第四、第五科室科长为当然董事。监察员由各乡乡理事中聘任三人,县政府第三科室科长为当然监察员。经理由县长提出人选,经董事会通过后任用。经理以下暂分三股:一为出纳股,一为会计股,一为业务股,每股设有主任一名,股员若干人。自该处成立后,邹平实验区得到了长足的发展。1936 年,该流通处为增加农民生产、降低市面利率起见,"共计放款 85 584 元。商号估百分之二十五,共计洋 21 290 元;信用合作贷款估百分之十八,共计洋 15 359 元;棉业合作贷款估百分之二十四,共计洋 20 000 元,农户放款估百分之三十一,共计洋 26 750 元;庄仓贷款估百分之二(含信用庄仓合作贷款在内),共计洋 2 185 元"①。

2. 农村金融流通处的主要业务

农村金融流通处的业务种类,主要是为乡村事业放款,其次为各机关团体的存款以及经营各种款项的收支等。民国时期,各农村金融流通处的业务种类大致相同,在此以山东邹平实验区农村金融流通处来做详细说明:

(1)信用合作社放款

自 1934 年 10 月农村金融流通处改组后,关于乡村合作社社员的信用,社员贷款用途的监督,皆由流通处担任。截至 1936 年 4 月,邹平农村金融流通处对于各乡信用合作社的放款,总共有 2 万余元。

(2)庄仓合作社放款

庄仓合作社于 1933 年秋季创办,由县政府拟定办法,监督各乡

---

① 邹平农村金融流通处:"邹平农村金融流通概况",《乡村建设》1936 年第 6 卷第 6 期,第 34 页。

进行,共组织庄仓合作社 50 余处。在 1936 年中,有一部分与信用合作社合并改组为庄仓信用合作社,共贷款 3 000 余元。[①]

（3）特种放款

农村金融流通处为救济农村现状,特设立了特种放款。此种放款分直接与间接两种:直接放款的债权属于农村金融流通处;而间接贷款,为农村金融流通处代为发放,债权属于县政府。特种放款施行以来,截至 1936 年 10 月,该处共贷出整理旧债的款项及促进生产的款项 26 750 元,共计 400 余户。

（4）特种凿井放款

特种凿井放款是农村金融流通处间接放款的一种。1935 年夏,山东遭遇大旱,人心惶惶,凿井的推行为乡民解决了困难。1936 年,县政府原本打算拨付凿井贷款 6 178 元,但不敷需用,又筹拨了 23 414 元,此贷款一律无息贷出,奖励凿井。共计各乡贷款凿井 333 眼,非贷款凿井 702 眼。该流通处还有轧花机放款 3 235 元,蚕业合作放款 2 000 元,机织放款 3 533 元。以上四种放款债权皆属于县政府,总计 38 460 元。[②]

（5）经收各项公款

1936 年,经收各项公款计有省地方丁漕税 141 400 余元,地方附捐 79 560 元,酒税 2 000 余元,牙税 2 000 余元,契税 10 000 余元,赈款、代济款、县仓存款三项共计 5 000 余元,邹平公款每年征存总计在 40 万元左右。此项公款,概不付给存息,作为该处

---

① 邹平农村金融流通处:"邹平农村金融流通概况",《乡村建设》1936 年第 6 卷第 6 期,第 34 页。

② 同上,第 35 页。

农村活期贷款之用。①

（6）经理各机关个人存款

此项业务在民国时期不甚发达，截至 1936 年年底，私人存款仅有 2 610 元。介于此，县政府极力提倡公务员活期储蓄，较之前有所发展。

（7）代兑庄仓证券

庄仓合作社，本为积谷备荒及调剂粮价活动金融，后来又按仓储时值，由各该乡保管委员会发行庄仓证券，委托农村金融流通处兑现，以便流通。第一、第二种乡保管委员会各发行 5 000 元。适逢商号滥发铜圆、银角、钞票甚多，以致庄仓证券不能如数发行，贻害市场面较大。县政府与 1935 年 10 月严行取缔，分期收回，截至 1936 年年底，已告肃清，市场金融较前稳定。

第二节 《乡村建设》中农村金融问题的研究

一、农村金融理论

山东乡村建设研究院成立后，尤其是在 1935 年梁漱溟"乡村建设理论"刊发后，农村金融理论思想进入发展时期。在此之前，

---

① 邹平农村金融流通处："邹平农村金融流通概况"，《乡村建设》1936 年第 6 卷第 6 期，第 35 页。

为了支持发展生产合作社,邹平县还特别设立金融流通处,兼县金库,管理邹平县金融流通,也为农村金融机构的成立树立了典范。《乡村建设》中,对农村金融理论的研究颇多,如茹春浦的"中国现在乡村金融问题的概观"、"中国农村金融问题解决的途径",范云迁的"雷氏信用合作社与我国农村金融"以及梁漱溟的"乡村建设理论"等。

(一)国家金融力量与农村接头

在民国以前的中国政府,感觉不到乡村中金融力量的必要,只要农民能够拿出赋税来,能够把各种的公债当作赋税消纳了,就算了事。现在的农民已经是拿不出赋税来了,向来被看作政府最忠实的财物来源的农民,现在已经是穷到真正饿着肚皮的时候了。因为赋税是已经没有着落了,公债实在是不能再发行了,政府才不能不谈到农村的金融问题。但是因为财政的困难关系,关于农村金融机关的成立,不是一句话就能办到的,所以正式的国家农民银行始终没有成立。据当时的调查,中央和各省的农业金融机关的资金总数不过 1 400 余万元。放入农村的款项当然还不及此数,并且放款的方法仍然多半是注重于抵押品,贫穷的农民仍然是沾不着利益,能够得到借款的利益的仍然是乡村有产阶级。"看看德国的中央农业银行的资金,是一万万八千万马克;普鲁士的中央合作银行的资金,是七千五百万马克;法国的农业信用银行的资金,是五万九千两百万法郎;日本的中央合作银行的资金,是一千九百六十万日金;从这些可以知道我们政府方面在乡村金融的力量是怎样微少的了。再看一看我们国家的农村合作社,全国一共约有一千五百余处(二十年八月间调查,现在当然是多一些),这一千四百万元的资金实在是不能够满足正在提倡的农村合作的需要。"①

（二）私立银行向乡村试办放款

前面说过私立银行向乡村放款是免不了营利性的,但是在城市工商业金融没有出路的时候,各种私立商业银行向乡村找金融的出路也是没有办法的办法。"私立商业银行向乡村放款,如果是没有国家农村金融政策去支配,商业银行会把都市工商业的病菌传染到乡村生产事业里去,就是他会破坏了合作的萌芽或者操纵了合作的利益也未可知。因为以公共利益为本位的合作和以资本或个人利益为本位的私立银行的活动方向是不可能一致的。"②

（三）商人利用商业资金的操纵

因为当时许多地方还没有乡村里自己组织的信用机关,农民需要金钱,除了直接受高利贷的剥削以外,只有向商人赊欠用品和借债。"商人就是高利贷者,商人是惯于拿收买农产物和土产的方法去向农民做高利贷的生意。他可以在青黄不接的时候借给农民急迫需要的钱同时拿极低的价格把农民的生产品买下,他可以把借给农民的钱赚了两种极大的利益——很高的利息和很低的农产品收买的价格。许多地方有一些钱庄、钱铺和各种行店都是从大都市里银号、乃至银行、外国银行通融资金来做这种生意,更要命的就是他们可以滥发土票和随便操纵银洋的价格,想尽法子去榨取农民的钱。"③

---

① 茹春浦:"中国现在乡村金融问题的概观",《乡村建设》1934 年第 4 卷第 2 期,第2—3 页。

② 同上,第3 页。

③ 同上。

（四）高利贷的剥削

高利贷就是乡村金融的一种病态。起初利钱还可以轻一点，到了后来，乡村的钱都因为交赋税、购买日用品以及其他方面的剥削，统统都流到城市里去了，所以借款的利息就会很高。"在这里应当注意的，就是当农村金融万分枯窘的时候，无论是哪一方面向乡村输入资金，很容易叫乡村资产阶级从当中得到少数人的利益。因为他可以利用他的产业拿去低利借到的钱再拿高利放出去。还有一点要分别清楚的，就是狭义的高利贷，是专指地主和农业资产阶级操纵金融说的，和上面指商人的操纵金融的主体不同。"①

二、农村金融面临问题

（一）中国农村金融问题的概观

1. 农村金融的要点

在没有废止货币以前，一切农工业的活动是离不开金钱作用的。"在现在的世界，无论是哪一个经济系统的国家，金钱和随着金钱而发生的金融关系，都是处在可以决定他的经济活动的命脉的地位。现在世界上闹经济恐慌的根本原因，可以说是因为金融这个东西的关系。什么停止金本位，集中现金，提高银价，贬低金价，通货膨胀和收缩，收买黄金，管理汇兑，这些种种的名词都是表现出金融没有办法的意味。也就是证明了靠着金钱的资本主义下

---

① 茹春浦:"中国现在乡村金融问题的概观"，《乡村建设》1934 年第 4 卷第 2 期，第 3—4 页。

的经济生产部门,闹到金融恐慌的地步,就好像似一个人的病,闹到心脏里面或者脑筋作用上,是一样很难医治的了。我们国家是还没有实行完全的币制,连本位都定不住,哪里能谈到合理的金融政策。我们全国的金钱,不过是像生货似的,随着国际汇兑关系,去被动的涨落他的价格罢了。说到这里,我们谈论乡村金融,实在是没有好的办法。不过是我们既然不能够废止了货币,实现了劳力单位,或者真正为共同消费而生产的办法,又不能够空口拿写在纸上的计划或者是理论去发展乡村的经济,那就不能不在乡村金融上想一点办法。"①乡村金融的要点是这样:

(1) 要从国家的力量做起

"关于乡村的其他方面的事项,好像是都应当是从人民自身做起才是合理的。"唯独谈到金融问题,那绝不是人民自身能够解决的,不仅已经破产了的农村的人民没有现成的金钱可以去做生产的事业,就是在经济发达的国家,在乡村也是要由国家的力量去办理的。各国的中央银行就是负着支配金融的责任,并且是一般的国家都特为农业经济去办理特殊的农业金融机关。这是因为"国家可以拿政治的力量去保障公债和纸币的发行",可以把全国的资金按照需要的状况去支配,必要时还可以发行外债和向国外借入资金。国家可以发行不兑换纸币和控制信用关系。在我们国家更穷的乡村里,乡村金融,是国家改变乡村贫穷面貌的唯一办法,这就是国家要成立农民银行、农业银行、土地银行以及特为乡村金融而设的机关。"一方面拿法律防止乡村金钱偏流于都市,另一方面

---

① 茹春浦:"中国现在乡村金融问题的概观",《乡村建设》1934 年第 4 卷第 2期,第 1 页。

从乡村金融本身上造成和都市金融平行发展的原因。"[1]

（2）乡村要有金融的基本组织

乡村要有金融的基本组织,这就是针对信用合作社这一类的组织说的。"乡村金融是要拿信用做基础的,他的信用程度是要比工商业在都市里面的金融信用还要高的,其作用还要圆活的。就是乡村金融是要特别注重人的关系和团体的关系,不要太看重抵押的放款,只要是他有合法的组织,有人的担保,具备了信用的条件就可以放款给他。不是这样,要和都市一样的放款条件,那么乡村里的是没有许多人可以符合借款的资格的。那么名为活动乡村金融实际上成为帮助地主去剥削农民或者是造成新的乡村资产阶级,从这一点上说就是非国家不能担负了这样的危险和重大责任。这里所说的金融的基本组织就是证明了乡村人民有了他自己运用资金的能力,可以向政府金融机关借款的资格的意思。在现在所行的方式就是合作社、互助社以及特种事业的公共团体等组织。"[2]

（3）普通银行和乡村金融关系

这是就私立银行向农村放款的作用说的。在国家没有成立正式的大规模的农业银行或者是实行统制的金融以前,私立银行为它本身和乡村的利益,也有向乡村放款的必要,不过这是比较有危险性的事件,因为私立银行没有国家直接保障的力量大,而且是往往为私利起见忽略了乡村人民的真正利益。它很容易与乡村资产阶级共同形成有力的榨取,它可以和乡村资产阶级合作去谋利,也可以利用在城

---

① 茹春浦:"中国现在乡村金融问题的概观",《乡村建设》1934 年第 4 卷第 2 期,第 1 页。

② 同上,第 1—2 页。

市玩惯了的谋利手段去操纵乡村经济。这就需要由国家制定完备的法律,为着真正要发展乡村经济的目的去监督它的活动。

(4)乡村金融机关独立的系统

合理的乡村金融机关独立的系统,就是从信用社发展起来的合作银行。从信用合作自身来担负了乡村金融的全责,它可以比国家金融机关有更大的力量。"原来在现在各资本主义国家里,乡村金融是不能够独立的,他是都市工商金融的附属物,因为乡村金融没有独立的系统不能够独立经营乡村金融的一切事业,也往往是在救济乡村事业的一种含有半公益和慈善的意味之下受了都市工商业金融机关伪善意的剥削,或者是都市的工商业金融机关,竟然可以假借提倡储蓄和其他名义吸收了本来应当发展乡村经济事业的资金去做都市工商业的投机的行为。有了这个原因,所以各资本主义国家里的信用合作社和其合作社的联合会,在近年来都急于成立他们的中央金融机关,拿非营利的目的,去独立活动乡村金融。我们国家将来如果是能够实行了统制金融的办法,更需要把乡村的金融用合作银行的方式独立起来。日本的信用组合和其他产业组合因为没有中央的健全组织,他们往往把剩余的资金存储于普通的商业银行,因而乡村资金流到都市,不能尽量的用到乡村经济事业或单纯的农业上面,这是日本产业组合积极地进行中央金库的原因。江苏无锡农民银行分行筹备处,在民国十九年的时候,曾经主张由该县的合作社成立联合会,再由联合会成立联村合作银行,以为推行合作调剂金融的机关。"①

---

① 茹春浦:"中国现在乡村金融问题的概观",《乡村建设》1934 年第 4 卷第 2 期,第 2 页。

2. 一般的农业金融的特点

农业金融和普通的工商业金融的重要不同之点，在金融理论上，主要如下：

（1）流通速度较缓

这是因为农业无论是在生产上、经营还是改良上，都是有比较长的时间限制，它不能像工商业生产程度那样流通迅速，在农业生产上，至少须半年方可以把资金流通过来一次。至于在经营和改良方面，要收回全部的资金，有时候需用好几年的时间，所以农业的再生产是受一定时间的限制的。

（2）运用较安全

工商业是投机多的行业，在资本主义制度下的工商业经济可以说都是广义的投机经营，因为可以不顾虑消费的状况，只面对不确定市场的购买者，做一个希望或者预期的生产，所以很容易发生生产过剩的周期恐慌。至于农业的生产，在近代虽然也有一点市场生产的现象，但是农业的资本主义的生产性比较小一些，而且生产量和消费量是比较容易计算的。所以农业的生产恐慌就比较小一些。"在1926年以后，世界上虽然是遭遇着空前的农业大恐慌，甚至引起来经济界和金融界的恐慌，但是最为重要原因是因为战后各国过于重视农业的生产，农产量过大把世界的农业市场停滞了，就是他在一个时期内各农业国家政策错误的现象。"①还有一点，就是农业自身的原因。现在各农业国家，已经采取了限制农业生产的方法，农业的恐慌也就减轻了，换句话说就是农业发生了恐

---

① 茹春浦："中国现在乡村金融问题的概观"，《乡村建设》1934年第4卷第2期，第4页。

慌也是比较容易救济的。若资本主义国家,只要把对于工业的待遇稍微侧重到农业方面,农业是很难发生恐慌的。农业很难发生恐慌,所以在农业上运用的资金就比较安全。

(3)农业上放款时间较长

这是效果较为不理想的主要原因。普通农业经营的放款多半是要分期偿还,最长的时期有到75年的。例如,德国的地产银行、法国的不动产银行,凡是农民的借款都是每隔半年摊还一次。在丹麦,土地借款最初5年内只拿利息。法国不动产放款,期限有多至75年的。美国联邦土地银行放款期限最短5年,最多40年。

(4)农业的放款利息较低

这是相对于工商业说的。工商业的放款包含有投机的危险性,所以时间既短、利息又高。农业的放款比较安全,没有什么危险性,所以利息要低,同时还有一个原因是农业利润较低(各国的农业放款,至多不过每月七八厘利息)。

(5)农业金融和金融法律的关系

除了普通的经济和金融法律外,一般关于金融的重要的法律有:土地登记法;土地抵当法;抵当证券法;地券制度;不动产债权;土地银行、农业银行、农民银行法。要统制农村金融,就非严定农业金融法律不可。

3.中国农村金融应注意的特点

(1)农村活动金融就等于放赈

民国时期的乡村情况,有些地方不能谈到直接拿金钱去经营农业生产,只能拿金钱去救要死的乡村的人民。"据十九年上海市一四农家调查的结果,负债的超过半数。又据金华等八县的调查,农民负债金额用于生产的仅占负债总额的百分之二四.九,所余的都是用于日常生活及婚丧、租税灾荒的损失和利息。又据江苏省农民银行第二年报告,信用合作社统计借款用途,在人数和金额两方面,都以还债为最多。"①"这就是放款的意味。这和已经是经济发达了的农业,遇着恐慌的时期,去谈增加农业和农民放款,或者缓期收回借款以及减轻利息等等,在资本主义国家的办法不同。不过这样的放赈,也是含着救济农村经济的意味罢了。这就是先把农村的人救活了,才能够谈到农业生产。"②

(2)利用农业金融的关系,创造新的经济系统

这就是在农村里造成新的没有榨取、没有阶级性的经济形态。这是要从合作里面表现出这个作用,就是拿农业金融充实合作社,再从合作社形成乡村的经济和金融系统。

(3)要有严格的统制性

这是指金融活动的系统成立后,在金融的各级机关作用上,要有层层的严格节制和监督。凡是从金融系统里放出去的款项,对于那些款项和活动状况,都要有详细的调查统计。而且是在放款的当时就要把一切计划审查好了,凡是不合于整个统制目的的计划,是没有活动的余地的。

(4)农村金融系统应当以国家为中心

这就是说在农村金融活动不许私营经济团体自由活动。私营银行向农村放款,应受国家严格审核和法律的限制,一切乡村商号私出票据和不合理的放款条件、利息等都应当加以严厉的制裁。

---

① 茹春浦:"中国现在乡村金融问题的概观",《乡村建设》1934 年第 4 卷第 2 期,第 4 页。

② 同上。

（5）要信用放款

这是在中国现时农村金融最主要的目的。对于农民的借款，要严格地适用合作原理，注重没有什么资产的中小农的人格信用，只要合作社按照规定手续请求借款，经审查后，即应当从宽予以信用借款。把信用借款的信用放宽了，才能够慢慢地达到扶植小农，救济贫农，渐渐地达到创造自耕农和耕者有其田的目的。

（二）中国农村金融问题解决的途径

1. 资金问题解决的途径

资金为经济流通的轮毂、交换的手段，虽非财富本体，而对于财富的动态上有决定的影响。"农村金融问题，就是在农村经济中资金的运动状态及其丰涩否畅的问题……农村资金因资本主义发达大都被吸收于都市，形成农村资金的缺乏，这是一般情形。中国也因资本主义的侵入形成内地农村资金的外流，农村经济日渐干枯。所以今日农村资金问题，其充实的对策，最必要而合理的办法，厥为以农村生产所得的资金还用之于农村。这是最根本的一个原则，也是最合理最平常的一个道理。"[1]农村生产所得的资金不能用于农村，是农村破产的唯一原因。"欲挽回此颓势，只有针对病源，设法使之还元与农村则农村的元气可保，所投于再生产的资金比例上逐渐增高，农村经济可望振兴。这种阻止农村资金外流及都市资金返流于农村的情形，在经济的趋势上已见端倪，最明显者如金融界的金融投资，财政复兴农村的努力，将一部分财政资金用于农村及社会团体对农村的救济等；次如近数年人口的递减，及

---

[1] 茹春浦："中国现在乡村金融问题的概观"，《乡村建设》1934 年第 4 卷第 2期，第 5 页。

去年十二月份之由入超变为出超,这当然是农村资金外流减少的表现,不过这不是农村经济正面的繁荣现象,乃是农村经济极度破产的反面结果。"①资金外流的转机是伴着农村极度破产的痛苦而产生的,代价是近百年中农村破产趋势的回转,由此给我们一个可贵的经济建设的机缘。社会进化虽然是曲线的,但到底是前进的,中国经历了很长期间的厄运,经历了很长时间在困难中的挣扎,由万难中寻得了前途的光明。农村资金外流趋势的回转,是由农村经济破产到了最后的时刻,反逼成不得不然的趋势,这一趋势相信是有前途的。可是这趋势在刚开始尚只是端倪与萌芽,前途的开展有待于继续努力培植。现实需要怎样努力?根据当时的经济与金融的情况,所拟定农村金融资金问题解决的对策分为货币资金、物产资金及力量资金三方面,综述如下:

(1)货币资金

一般人认为金融上的资金限于货币资金,与经济上凡投资于再生产的生产财物及货物都称为资金不同。中国农村破产的深重,非得要下大力气才可能力挽狂澜,因此在货币资金之外又创设物产资金和力量资金,以增强资金力量。前者对后二者而言,前者为本体资金,后二者为创设资金;前二者对后者而言,前二者为物质资金,后者为力量资金。现在先讲述货币资金。

所谓货币资金,即本身有价值的金银铜币及本身价值不存在而仅以信用的关系代表一定购买力的纸币。在银行的资金运用上,纸币虽有重要的作用,但实质上是以有价值的金银铜币为基础

---

① 茹春浦:"中国现在乡村金融问题的概观",《乡村建设》1934 年第 4 卷第 2 期,第 5 页。

而被创设出来的。信用制度实质上由此产生。白银国有后，市面流通的货币尽为纸币，所谓法币，完全变为纯粹的流通工具，而没有实在价值。农业金融的特质，一为长期，一为低利，这两个特质使农村金融居于不利的地位，其通融资金不能像都市那样灵活。"关于各国的农业金融资金，多为特殊的来源，如日本之依债券的发行而调度的资金，政府的低利资金，特殊银行的一般资金，保险公积金，信用合作社资金，及普通银行资金等。其中最主要者为依债券的发行而调度的资金，及政府资助的低利资金，至普通银行的资金，则为投资于不动产担保放款。可见农村金融资金的来源多属特殊的来源。中国经济的性质虽大不同于日本，而在农业本身的一般特质没有什么不同，因农业为有机物的季节性生产，利益薄微，其所需要的资金亦为长期与低利者，殆无疑义。不过日本工业发达，资金不易流于农业，而中国工业不发达，资金无可用之途，大有勇流于农村之势，此则有所不同。"①唯有中国城市金融的发达完全步了西欧的后尘，积习既深，性质上与农村金融之所需者有相似之处，有欲接近而不可得之情势。"论者每次说到商业银行投资农村的不妥当，如在都市里一有投资的可能，马上会收回对农村的投资而陷农村事业于停顿，此论在银行分业的性质上考之，诚然有此危机。不知此情形必然在工业有前途的时候才有可能，如果在今日的内外情势之下，工业被压抑而不能发展，则银行资金的正当用途不出于农村投资而将何所趋，故今日农村资金的充实对策，都市银行资金实为一个不可忽视的重要源泉。且都市资金多半吸收自

----

① 茹春浦："中国现在乡村金融问题的概观"，《乡村建设》1934年第4卷第2期，第5页。

农村,资金周转回农村自属必要,但银行资本投入农村因其多为营利的性质,发生种种的不适合处,该最后将怎么样改善其缺点呢?就是都市资金投于农村要取怎样的形态才能最适合于农村,且得以大量的投放呢?这是目前最必须解决的问题。如果在此处获得适当的办法,则商资之宜否投于农村的聚讼自然就止息了。"①要解决问题,必须先认识问题的根本所在。银行投资农村,其根本目的在于营利,这个目的是其商业银行的本质,当然不能放弃,于是有了放款偏于富庶的地方和富有农民的现象。放款用途的不限定开了农民的浪费之路;同行业竞争放款,类似农民侥幸心理,款额小,手续繁,期限短,以保障放款的安全,而不顾农民的需要。至于利息不低、贷款次数过少,一则为营利的直接目的,一则频繁多次的小额借款非商业银行营利组织所能胜任。综合其结果,放款不适应农民的需要以及不能大量放款为当时商业资金投于农村的最大毛病。农村需要大量的资金及适应农民需要的放款,才能有所裨益于农村经济,此二者都不能满足,怎能有助于农村经济的建设?最适当的办法,银行不如处于农村金融的后方,担任资金供给的职任,不直接对农民发放小额贷款,通过农民银行或合作社联合会做土地与农产品的再抵押放款,则种种矛盾自然可以马上消除。

(2)物产资金

货币本为物产流通的工具,在流通过程上有其特有的功能,在生产过程上虽然也有使用货币的必要,但这必要仍然是流通范围内的必要,真正生产范围内所需用的资本,是生产上的设备与原料

---

① 茹春浦:"中国现在乡村金融问题的概观",《乡村建设》1934年第4卷第2期,第5—6页。

而非货币。"严格说来,货币资金是不能生产的只是在活泼流通的孔道以帮助生产,故建立在对外贸易上的资本主义国家,货币资金特形重要,而走合作道路的国家,在对内的合作关系上,货币资金的需要程度较为缓和。且货币本为物产的代表,无实在价值而只有名义价格的纸币,尤为如此。如一国之全国劳动生产物的总财富不变,而货币数目增加,则因二者间的比例变化,每一单位货币所代表的财富必然减少,形成货物价格的高涨,在相反的情形下,则每一单位货币所代表的财富必然增加,而形成货物价格的低落。由此物价的涨落可以看出货币价格原以物品为基础。"[①]因此,货币的流通与发行,以实物为基础是最合理的了。

(3)力量资金

"农村经济建设为当前最伟大的任务,这伟大事业的成功,在金融上必须有巨大资金的筹设,货币资金既觉有限,于是有物产资金的创设,由土地与农产品的资金化,以增加资产筹码,活泼农村金融。但今日农村破产之深,建设责任之重,非仅物质资金所能毕其能事。故又需力量资金的鼓铸。"[②]所谓力量资金的鼓铸,方法有三,即联合、集中与统制。

第一,联合。可分为三线,一为本体,二为对体,三为别体。放款于农村的金融机关,多分道扬镳,各自进行,资金因分散而效力薄弱,同业因互相竞争而相互倾轧,实在不是农业金融应有的现象,必然导致将全国的信用合作社、农民银行、投资农村的城市银

---

① 茹春浦:"中国现在乡村金融问题的概观",《乡村建设》1934年第4卷第2期,第5—6页。
② 同上。

行及有关于农村金融的金融机关,做纵横的广大联合,集中分散的资金,以发生统一的效能,此为本体的联合线。由此本体的联合线正面联合对体的农村,旁面联合别体的学术机关。金融、农村、学术形成一气贯注的活力,此为鼓铸力量资金联合之道。

第二,农村金融机关各行其道,因资金有限,人才分散,不能委以重任。农民因借款额较小,苟延残喘,难得有经济改善的希望。故形式的联合,实有其实质集中的必要,本体的金融机关集中资金与人才以积极进展;对体的农村集中劳力、工具与产业,以吸收使用大量的资金,借贷两方各集中赴事,才能以最少的资金,于最短期间,博得最大利益。此为鼓铸力量资金集中之道。

第三,放款者只注重债权的保障,而少顾及债务的利益。农村金融的职任,恰与此相反,先谋求增进债务者的利益。农村金融的发展,必在债务利益增进上,才能有其前途。此为鼓铸力量资金统制之道。

2. 农村金融组织问题解决的途径

农村金融资金问题,如前节所述,需要充实货币资金以奠定其基础,鼓铸力量资金以活泼其运用,基础立,实力充,运用活,农民资金的需要得以充分满足,农村事业才能以最少资金取得最丰硕的收益。"财源的无尽藏宝库既辟,又能以一元钱收得两元的功绩,则资金无匮乏之处矣。唯独资金问题的解决,必有其组织形态与之相符而行,所谓农村金融机关,即运用资金以调节农民金融供需状态的组织体。现在的农村金融机关,幼稚脆弱,制度不立,原有的日趋没落,新兴的方萌芽初苗,惧不克当生产促进,经济建设之任。"①农村

<hr>

① 茹春浦:"农村金融组织问题解决的途径",《乡村建设》1936年第6卷第7期,第1页。

金融组织,可分农民银行、合作银行及其他三种,综述如下:

(1)农民银行

中国的农民银行,其发展形态在原则上应有如下几点:

第一,是政府为救济农村而设立的公益性质的机关。故农民银行是官办的。中国农村如得不到农村以外的力量,则永远不会凭其自身力量而找得转机,这是乡村运动的经验证明,谁也不能否认。农村金融工作,几乎全为外力来促进,这也是铁一般的事实。各国的农民银行几乎全由国家办理,这是农业落后必有的现象。中国农村的极度破产,没有国家的力量怎么能够重整旗鼓?

第二,将现在分散的农村金融机关,在农民银行之下统一化管理。"由国家制定法令,限制各种农村金融机关,使不得为不利于农村的放款,并规定对农村放款,必须得先通过农民银行的管理以便统一进行。且设法使农村的金融活动实际上与农民银行造成有机的联系,以加强其统一管理的效力。农民银行的资金能力虽然未必大于农村金融有关的别种银行,但是必然在形式上造成农民银行在农村金融中的核心作用。"[1]此核心作用的造成,一方面要靠政府赋予特权从而取得优势,一方面要在资金的鼓铸中得到加强。

第三,"农民银行既为农村金融的中坚,农村经济的管毂,则其内以促进农村社会的发展,外以肆应外界经济的侵袭,建业经济的堡垒,使之能够自卫并得以发展,非仅以供给农村资金,活动金融,所能毕其责任。必然也在农民的经济与生活各方面,以金融的联

① 茹春浦:"农村金融组织问题解决的途径",《乡村建设》1936年第6卷第7期,第1页。

系,将之送上前进的路程"。

第四,农民银行是农村金融的过渡形态,其最终形态为合作银行。"由农民银行到合作银行,这是中国农村金融的动态过程。这种过程是由中国的经济性质决定的,即中国经济的前途,必然是合作经济,而合作经济的到达,不能由农村自己走入,而必待外力的促成。"[1]所以表现在金融上的是,"农村金融的兴起,必待农民银行和其他银行的引发,而农民自己的合作银行的完成,才是农民银行及其他金融界的唯一目的和唯一出路。如果中国不能走上合作经济的道路,则中国的经济前途无法想象,那金融的前途也归于渺茫了。所以农民银行的归宿,是达到农民银行自力建树的合作银行"。

"农民银行必须在组织上形成统一的系统,做网状的布置,中央农民银行为全国的核心,集中资力与人力,对各地方农民银行在统一计划之下,为之提调灌溉。地方农民银行尤其是县农民银行,必须普及的设立,深入到农村之中与合作社相衔接。"[2]县农民银行立在最前线,做基础的活动,而中央农民银行为后盾,供给于物质和精神的力量。上下一气贯串,农村金融的活力在这新活力之流的滋补、灌溉下,自可得到繁盛与繁荣。

（2）合作银行

合作银行为中国农村理想的金融制度,为未来合作经济制度整体的一环。当时由政府设立的农民银行只是达到彼岸的摆渡

---

① 茹春浦:"农村金融组织问题解决的途径",《乡村建设》1936 年第 6 卷第 7 期,第 2—3 页。

② 同上,第 4 页。

船。农民银行是一种自上而下的安排设施,合作银行则是自下而上的逐步生长。农民银行的重心与着力点在中央农民银行,而省县农民银行则为其能力的传导与下级干线,其组织形态可以说是中央集权的;合作银行的根基在信用合作社,其组织形态则是联合的。合作银行以信用合作社为基点,受农民银行与其他银行的培植而逐渐生长,遂蔚成农民金融的根干与系统。这大概是合作银行未来的发展上所取的形态。

"合作银行以县为单位,由全县信用合作社联合组织而成,与农民银行合为一体。其股本有官府的农行资金,各联合会的合作资金及农民个人资金三种,合成新的合作银行。其中合作资金或社会资金逐渐增大而居于领导地位。由此县合作银行日渐增长,而省合作银行以及中央合作银行都以社会的合作资金的增大而完成其组织。"①在组织上大致与农民银行相似,但是性质却不同。农民银行为政府对农村的救济,在性质上是官营的,合作银行为农村经济的自力更生,在性质上是社会上农民的农村金融制度的本体形态。

(3)其他

前述的合作银行为农村金融未来的主体,农民银行为其过渡的助体,其侧面的旁体,分为普通银行、仓库、典当以及合会。

第一,普通银行。这里所要讨论的不是普通银行的本身组织问题,而是讨论其在农村金融机构中应有的地位。"都市银行资金对于农村金融的重要,即如前面所述,故其在农村金融机构中的地

---

① 茹春浦:"农村金融组织问题解决的途径",《乡村建设》1936年第6卷第7期,第5页。

位也非常重要。惟因其性质上与农村金融有扦隔之处,故其在农村金融的生长与发展上,多资金上滋润之功,而少组织上扶植之力。惟现今都市银行界对农村投资多亲自出马,直接组织合作社与仓库,以行放款工作,在今日过剩资金无可投放之途的银行界,农村之门初开,无异于一片肥沃的殖产园地。"①城市金融界对农村的投资,当然不会由其意志出发,从前方退至后方。比如前面说由农民银行与信用合作社上下组成网状的系统,以严整农村金融工作的步调,则普通银行会由前方退入后方。"盖农村金融网组成后,则再抵押的新业务将大开其门,普通银行可容易的将大量资金投放于此。且在形式上为农村金融网的农民银行与信用合作社,在前方工作较胜任而愉快,远非普通银行可比,故不得不被迫而退居于后方。"②在这样网状的金融系统下,因物产资金的创设与力量资金的鼓铸,将以再抵押的形式,以吸引城市的巨大资金流返农村,而普通银行的资金不至搁置而可用于生产的用途。

第二,仓库。仓库能调节粮价,使农产品可得到待价而沽,为银行投资农村做储押放款,这个在前面已经说明。由邹平的信用庄仓合作社的实验成绩,告诉我们仓库不仅可以解决人民的粮食问题,在金融的圆通上也具有重大的意义。

第三,典当。典当为我国最普遍而历史最悠久的小额实物抵押放款机关。在农村金融上,典当实有不可忽视的重要地位。民国时期,全国散布于农村的当铺有三千四五百家左右,资本总额估

---

① 茹春浦:"农村金融组织问题解决的途径",《乡村建设》1936 年第 6 卷第 7 期,第 7 页。

② 同上,第 10 页。

计约1亿500万元上下,对于农村金融的关系十分重要,近来因农村的破产,典当业受它的影响也有衰落的趋势。

第四,合会。合会为我国民间金融组织,以结合小范围资金的金融组织,以自助互助为宗旨,为中国特有的产物。此处不加以叙述。

第六章　《乡村建设》的农村土地问题研究

第一节　民国时期的农村土地

民国时期,农村经济处于严重衰落状态中,中国作为一个传统的农业大国,农业发展对土地的依赖性越来越高,而中国的土地问题却长期困扰着许多学者。在《乡村建设》中,项天及就土地问题进行了调查和分析,概况如下。

（一）耕地分配不均匀与耕地集中

土地有支力、植力、养力,在生产上是决定的要素,因此土地自身成为一种独占财产。拥有土地的人,不仅能在土地上取得独占的收入,并且能左右生产及劳动,形成一种社会势力。所以土地所有权如何分配,是政治、社会、经济上的重大问题。

中国的土地分配情形,在中国因缺乏统计材料很难得到确实的结论。但是关于土地分配不均的趋势,全国上下却是一致的情形,（当然有程度之差）谁也不能否认这铁一般的事实。我们知道,拥有大量土地的是地主与富农,身无立锥的是贫农。总之,因为土地分配不均,大多数身无立锥的贫农终年勤劳,结果所获都须以过半数为租税缴纳给地主官吏,而所剩的已不足赡养身家,而田运阡陌的地主,没有胼胝之劳却有谷粟之得。贫年地方政府的苛捐杂税亦多半转嫁于佃农身上,即小有田产之自耕农,所获亦不敷支出,势不得不以田宅以偿。久而久之,自耕农退变为佃农,佃农退变为雇农,雇农之退无可退者,不铤而走险,流为盗贼,即沿门求食,冻饿以终。社会不安定、农村沉沦就成了这种现象的后果。

(二) 耕地不足

简单地说就是,人多地少。"全国土地总面积虽广,而据专家估计,其高度在三千尺以下者仅得百分之三十五,也因为雨量的缺乏,每年不及二十时者约占全面积的一半,因此全国人口乃聚居于少数几个区域:(1)中原区域(白河黄河及淮河平原),(2)扬子区(扬子江中下流平原),(3)丘陵地区(以上各平原附近的丘陵地),(4)浙闽粤沿海区,(5)四川盆地。以上五个区域总算起来面积七十万方里。占全国百分之七十左右,而人口则有三万五千万,占全国百分之八十三。论密度总平均每方里多至五百人,远在日本德国以上,与荷兰相近。"①而其中的中原区和扬子区平均每人45 亩,各丘陵地及沿海地区平均每人 11 亩,四川盆地平均每人7 亩,而其中包含有林水泽在内,不尽可以耕作。若专门从耕地方面计算,每人分得的大约 3 亩而已,论者以此为农业前途有所限制的证据。

但土地未经测量,人口没有经过普遍调查,地质、土壤、气象、雨量都没有测定,这种估计数不是更有力的证据,举淮河流域及云南地方情形例证它的疏漏。"世界各国耕地面积在总面积中所占

---

① 梁漱溟:"中国之经济建设",《乡村建设》1937 年第 6 卷第 16 期,第 12 页。

分数如英法德奥等国家均在其总面积百分之六十以上至百分之七十几,美国也在百分之五十七,最少的如日本亦为百分之二十八点九,今中国视日本乃又只当其五分之三,何其奇啻如此殆不可信。"①另据贝克氏(O. E. Banker)估计中国土地总面积为 2.44 百万英尺,除西藏地区外中国可垦土地约占总面积 1/4,而现在所垦者仅占可垦地的 1/4。又据张心一著《中国的垦殖事业及三大荒区垦殖计划大纲》,全国荒地合计为 205 794 亩,数目也多于已开垦的地,"恐怕现在耕地之少,一半关乎人事,不全为自然的限制"。假定一切社会问题都得到好的解决,更从自然科学尽量为土地之改良利用,则前途实在远得很。

"归结说,人多地少是真的,还有好多荒地可资垦殖也是真的,一旦大局稳定,政治上有办法,就当大规模举办移垦,非如此不能解决农业上的困难。除了一面由国家统筹办理,有的责成各省自己办理。据我们的见闻所及,垦务上最大束缚障碍在少数有资本的人垄断地权,而耕者不能有其田。欲发达垦务必须耕者有其田,或者在某种条件下为集团经营。"②

(三)帝国主义侵略,佃耕经营严重

孙中山先生说过:"中国自秦以后,封建制度便已经打破了,当封建制度的时候,有地的贵族便是富人,没地的人便是平民。中国到现在,距离开了封建制度虽然已经有两千多年了,但是因为工商业没有发展起来,现在的社会情形还是和两千多年以前的社会情

---

① 梁漱溟:"中国之经济建设",《乡村建设》1937 年第 6 卷第 16 期,第 12 页。
② 同上,第 12—13 页。

形一样。"①实在说现在的情形，比从前还更加危险，在眼前帝国主义的侵略加之于农村最为厉害。"我们知道，国际帝国主义对于殖民地和半殖民地的政策，并不需要殖民地或半殖民地的农村经济怎么样合理的向上发展，而是要能维持供给他们榨取的最高限度，他们对于中国也逃不出这种范畴。他们施用种种的方法去推销他们的产品，榨取我们的原料，以致中国农业生产都被破坏，农村资金日近枯竭，农民贫困日益加剧，激化了农民丧失土地的趋势，使佃耕经营愈加更得势，封建剥削日益激化。"②中国土地问题的发生与国际帝国主义的侵略有着很大的关系。

（四）地主、高利贷与商人的土地剥削

整个中国的农村经济，反映了封建制度的渐呈崩解过程中的恶相。我们知道，地主、高利贷与商人在农村中往往是三位一体的，有的地主同时身兼高利贷者与中间商人，有的虽不兼备其他二者，但他们的关系行动却是在不可分离的统一情形下活动的。所以高额地租的敲索，高利贷的榨取，收买与典当小农的土地，以及徭役、贡赋、不等价交易的各种剥削，都由他们共同或分别担负着进行，这是他们增加财富、巩固势力的唯一捷径。可是农民在这种敲剥下面，却渐渐地丧失其仅有的土地，没落为一无所有的穷光蛋。中国的土地问题之所以达到今日的最严重阶段，这实在是个有力的因素。

（五）小农生产降低土地利用率

中国的规模过小的农业生产方式，对于土地问题的严重也很

---

① 项天及："现阶段中国土地问题及其解决途径"，《乡村建设》1937 年第 6 卷第 19 期，第 27 页。

② 同上。

有关系。中国这种过小的园艺式的生产方式,固然发挥了小农经济的长处,能够极巧妙精致而又极细心地从事耕种,启发地利,但是这种优点是以农民极高度的肉体劳动为前提,因而在生产过程中,便潜伏着劳惫病困的祸根;同时,农民过度劳动的原因往往是被迫与生活负担的过重,他们整天整年劳动着工具式的病躯,好的情况仅是恰敷支出,坏的情形下还得挨饿。这种极脆弱的经济状况,倘使万一遭受着意外的袭击与恐慌而陷于贫困的泥沼中自是当然的了。所以过小农制经济不唯在生产原则上,不能与大农制生产相竞争,并且常为农民贫乏的根本原因。农民因为生产方式的不利而日趋贫困的结果是,出卖土地的倾向势必日加激化,至于什么经营讲求、技术改良以及荒地利用等,更加是谈不到了。

第二节 《乡村建设》中农村土地问题的研究

土地问题是农业问题中的核心问题,解决好农民土地问题,能有效地调动农民的生产积极性,提高农业生产效率。因此,在谈论民国后期的农业问题时,我们将优先考查土地问题。

一、土地问题的介绍

(一) 问题的提出

谁都知道,人类的生活是无时无刻可以脱离土地的,所谓"有土斯有财,有财斯有用",即是说土地是人类生活的重要资源,是一切生产必需的工具。所以土地不只是构成国家三大元素之一,就经济上的意义来说是生产要素之一,与人类生存、社会生活的关系有着密切的联系。

近年来,中国农村经济趋于极端破产,农民生活陷于极端贫困,以致农村社会问题日渐趋于尖锐化,这固然是由不少复杂的客观原因造成的。然而,这种危殆现象的形成,谁也不能否认土地关系的影响。如果我们否认这种影响,那我们根本不能认清土地问题在中国整个社会问题中的客观严重性。

事实警告我们:民国时期中国最大多数的农民都痛感土地缺乏的苦楚,在有限的极小规模的农场面积上,实行"过小农"的农业经营。正因为土地缺乏,一般的佃农只好在地主高额地租等苛刻条件下忍痛租得零星耕地,从事不规则不便利的粗放工作,而不能如意地扩大生产规模,实现大农经营。因而造成中国农业生产萎弱,国民经济衰落,农村濒于破坏沉沦的危局。

"现阶段中国国民经济中心问题,是农村的经济问题,而农村经济的核心问题,则又是土地问题。如果土地问题得到圆满的解决,广大的农民大众能够使用土地从事耕耘,则秋收冬藏,食用无缺,社会秩序得到安定;货物的交换货币的流通就不缺乏恐慌之处,则农村经济自能得到昭苏,而国民经济也就随着好转。然而直到现在中国的土地问题仍然没有丝毫解决,中国土地问题的严重性,仍然没有被大众所认识。"[①]一般研究中国土地问题的学者,还是没有把这个问题的全貌加以透视,所以他们提出来的解决对策,也就不免牛头不对马嘴,这样也使中国土地问题成了一个难解的谜。

---

① 项天及:"现阶段中国土地问题及其解决途径",《乡村建设》1937 年第 6 卷第 16 期,第 41 页。

（二）中国土地问题的症结

究竟中国土地问题的症结在什么地方，为求得真理起见，不得不做进一步的分析研究。

首先我们要知道，土地问题包含两个要点。一个是土地所有权的分配问题，另一个是土地的使用问题。分配问题和使用问题的相对重要性，是和经济发展的程序不同相关联的，所以讨论土地问题的人，每每以着眼点的轻重而起争执，不过不管哪一个是最重要的，两者有着密切的关系却是不能否认的事实。上面所提出的两点问题，不过举其大者而言。其实不止此，而尚有耕地不敷的问题。一般谈中国土地问题的人们，往往只着眼于土地关系或经营利用一面的问题，那是不够的。

中国土地，可概别为城市与农村两种。"都市土地是承载工商业的基础，但不足以繁荣都市，推进工商。而农村土地则不然，它是农村经济发展或衰败的主体。中国农村人口估计占全国的四分之三，中国土地问题云者，自然以农村土地问题为最严重的问题，在这里我们要研究的也是以农村土地问题为中心就是以耕地问题为中心。"①

（三）中国土地问题的由来

第一，"在中国农村极度崩溃，农民生计极度艰难的悲境中，加以政治不上轨道，连年水旱相寻，兵匪扰乱，不特农业生产受极度摧残即农民们憔悴残喘的生命，几乎也难自保，时刻受着灾难的压

---

① 项天及："现阶段中国土地问题及其解决途径"，《乡村建设》1937 年第 6 卷第 16 期，第 41 页。

迫及死亡的威胁。"①在这种情况下,农民流亡而放弃土地是有一定道理的。在这紊乱状态下,也就深深地埋伏下荒地日增与经营粗放的危机了。

第二,中国农民的散漫、没有组织习惯差不多已经名闻世界了。他们各自守着祖先遗下的几亩地,在经济生活上根本就缺乏集体化的意识,似乎也没有这个需要。因为这个,一方面固然容易遭受恶势力的袭击而抵挡不住,另一方面,却是形成今日农地经营零碎狭小的主要原因之一。

第三,中国的大地主与西洋社会的大地主,其来历与性质都不同。"西洋土地集中在少数地主手里的主要原因,却在于法律上的承认长子继承(当然在其他方面还有很多原因);而中国土地之所以日进集中,却是以并吞或土劣官吏的收买的形态为最明显。对于土地遗产,根本否认长子继承而诸子均分。因此,所谓大地主非西洋的大地主可比,就一般地说,在经营上就不得不零碎分散了。"②这是土地经营上分散狭小的又一个主要原因。

第四,因为没有组织,自然难得引进科学化的生产技术,更因农民保守性太强,虽有新方法介绍于农村,他们也不采纳。在另一方面经营上,又几乎成了定型似的分散零碎,自然难以采用新方法新式机器。技术不改良,经营也难以改善,新技术则更难引进,这是循环互为因果的。耕地经营之所以分散零碎,这又是一个原因。

---

① 项天及:"现阶段中国土地问题及其解决途径(续)",《乡村建设》1937年第6卷第19期,第28页。

② 同上。

第五，综合以上来看，中国外受国际帝国主义的侵略，内受封建势力的蹂躏，加以政治不上轨道，天灾匪祸流行，一方面造成了农村剧烈的崩溃，另一方面导致严重的土地问题。在这上下不安的状况下，我们就可以联想到为什么不能垦殖荒地以利民生。人人都知道，垦殖是要以社会安定、政治就绪为前提条件的，在近几十年中，不是内争就是外患，上下骚然，政府自顾不暇，哪能用力于垦殖之上？"不特无力顾及此，即农民根本就第，力能徒边垦殖者，实在就没有。"所以在这社会乱、农民弱的情况下，可耕而未耕的土地，自然是尽其荒芜而没有办法利用了。

（四）中国土地问题

民国时期，中国农村中的土地问题主要有两方面，一是土地分配问题，一是土地经营问题。要解决中国土地问题，首先要认识这两个问题，通过对土地分配和土地经营问题的研究分析，才能更好地解决土地问题。

1. 土地分配问题

土地分配问题南北各省情形不同，问题最严重到如何程度也是传闻异词。所有调查或估计的数字比例，其不易得又远在耕地荒地问题以上。我们只要承认，这个问题有的地方相当严重或者很严重就是了。

土地分配不均，这很大程度是土地私有制以来的流弊造成的。要想从根本上免于不均，只有土地全部归入公所有。"然而土地的公有或私有，不是理论上决定它如何解决的，更不是一句话就能办得到的，一种制度的存废，要看它在社会上还有没有用处，完全是一个事实问题而待决于事实。"①据学者考证,土地的私有权以农地为始,然后才涉及其他土地。中国历史上有过许多反对土地私有或想从根本上推翻私有制的宣传或行动。然而,历史可以验证,想推翻土地私有的人没有成功过的,只有限制效果很微小。国际上这样的事也屡见不鲜。《乡村建设》中的一些学者认为,在生产技术没有与生产方式同步时,要想土地国有,这大概是不可能的,而耕者有其田和土地合作利用却是通往土地国有的一条渠道。

平均地权是国民党的主张,但是在民国时期,平均地权的条件无法满足,所以,在其整个统治时期都没有真正实行过平均地权。在此不得不提到平均地权的条件,第一个条件自然是能负责解决土地问题的政治力量。只有土地得到了政治力量的认可,才能从法律上动摇和解决土地问题"劣根",裁抑地主进行土地投机买卖,同时奖励自耕农,保护佃农。有了这个保障才能建立起完整的农业金融系统,通过长期金融贷款让农民有条件购地。其他种种的方法也很多,而移民垦殖也是一个重要方法。"凡往者丹麦英德法等国创设自耕农之法,中欧东欧各国土地制度改革的经过,均足为参考。"而不论什么方法实行之前,总要查清地亩,清查户口。大约总须这些前提条件有了进步,事实日渐清楚,才好想办法。办法也是要一边想一边做,一边做一边想,才得切合实际而生效。这个时候空谈没有什么益处。"我们只要决定我们的目标,必做到没有凭借土地所有权来行剥削的地主而后已。"②

---

① 梁漱溟:"中国之经济建设",《乡村建设》1937 年第 6 卷第 16 期,第 13 页。
② 同上,第 13—14 页。

2. 土地经营问题

中国的土地,在私有制度的宰割下,各省农田绝少大规模的经营。"大多数是数亩或十数亩地经营,中央农业实验所于二十四年①四月的农情报告中曾有一个统计,将中国各省农家土地经营的面积,表现得非常清晰。北方十二省的情形是:经营十亩以下的农家,占27.1%,二十亩到三十亩的占16.8%,三十亩到四十亩的占13.1%,四十亩到五十亩的占10%,五十至一百亩的占7.2%,一百亩以上的占4.3%。北方在农业上是粗放经营所以面积较大,在一百亩以上的尚有一部分,至于南方十四省的情形就非可同日而语了,五亩以下的就占了25.7%,五亩到十亩的又是23.8%,十到十五亩的占17.6%,十五亩到二十亩的占13.4%,二十到三十亩的占10%,三十到五十亩的占6.1%,五十亩以上的仅有3.4%。就全中国而言,则有百分之六十以上的农家,都在经营着二十亩以下的土地面积,其可怜程度可想而知。"②

表6-1　土地委员会调查全国 22 省农家土地经营面积分布情形　（%）

省份	县数	10 亩以下	10—20 亩	20—30 亩	30—50 亩	50 亩以上
察哈尔	6	14.3	18.5	16.1	28.4	22.7
绥远	11	4.6	5.2	10.3	26.1	58.3
宁夏	6	15.6	13.6	11	32.2	27.6
青海	7	20.8	22.4	16.6	27.2	13

---

① 此处指民国二十四年,即 1935 年。

② 项天及:"现阶段中国土地问题及其解决途径",《乡村建设》1937 年第 6 卷第 16 期,第 43 页。

（续表）

省份	县数	10 亩以下	10—20 亩	20—30 亩	30—50 亩	50 亩以上
甘肃	21	21.6	18.2	15.5	25.8	18.9
陕西	51	24.8	19.9	15.9	25.7	13.7
山西	78	18.4	18.6	16.5	28.1	18.4
河北	107	26.4	23.1	18	22.9	9.6
山东	85	39.3	23.4	14.9	16.4	6
江苏	48	40.5	31.2	11.9	11.3	5.1
安徽	42	35.3	27.6	14.2	14.4	8.5
河南	73	29.3	23.2	17.1	20.8	9.6
湖北	28	49.9	33.9	8.9	5.4	2.2
四川	59	39.2	33.6	14.2	8.5	4.5
云南	34	58	29.7	6.8	3.4	2.1
贵州	21	49.7	30.8	11	5.5	3
湖南	39	48.4	33.7	10.2	5.2	2.5
江西	24	47.2	33.5	10.7	5.2	3.4
浙江	45	53.5	31.4	8.4	4.7	2
福建	29	62.2	25.7	6.1	4	2
广东	39	62.1	26.5	6.5	3.4	1.8
广西	41	63	23.9	7.5	3.7	1.9
加权平均	891	35.8	25.2	14.2	16.5	8.3

资料来源：项天及："现阶段中国土地问题及其解决途径"，《乡村建设》1937 年第 6 卷第 16 期，第 43 页。

在这里我们可以看出同样的趋势，大部分农家经营的农地面积都在 20 亩以下。这样现象的结果，自然是每一农家的平均经营面积就渺茫得非常可怜了。

我们再进一步检视各类调查户每户每人经营田地面积状况，民国土地委员会在 16 省各地调查结果如下表所示。

表6-2 土地委员会调查16省每户平均经营面积

区域	省别	调查县数	调查户数	每户平均经营面积(亩)
东南沿海	江苏	12	218 149	15.998
	浙江	15	116 212	10.394
	福建	10	79 736	9.015
长江中流	安徽	12	107 643	16.798
	江西	5	23 697	10.725
	湖南	14	240 211	14.059
	湖北	11	106 546	11.895
北方	河北	23	158 109	20.766
	河南	12	137 672	18.823
	山东	18	233 061	15.299
	山西	2	6 415	38.055
	陕西	12	61 654	22.708
察绥	察哈尔	1	1 428	238.354
	绥远	2	3 105	102.357
两广	广东	2	14 513	5.957
	广西	12	26 769	15.390
总计		163	1 524 920	
总平均				15.759

资料来源:项天及:"现阶段中国土地问题及其解决途径",《乡村建设》1937年第6卷第16期,第44页。

假定委员会这个统计表相当可靠,全国平均每户15亩的耕作面积与其他国家相比较,真是渺小得无以自容。日本稻作经营在三町五反以下的,已经必然是亏本经营了;欧洲德国巴登地方,每家农田平均面积为3.6公顷为农业经营的最小值,然而这两个数字换算成亩来看时,三町五反等于56亩,3.6公顷等于58.68亩,这经营面积虽然在德日极小,但是在中国尚远远不及这个数,从中可想中国农地经营问题的严重程度了。

实在地说,经营问题不仅面积渺小是令人担忧的,耕地的零碎散乱也是同样不可忽视的问题。"据金陵大学农学院博克教授调查皖、豫、冀、晋、江、浙、闽等七省十五个地方的报告,每一农场零碎分散平均约为8.5块,最多者达到43.4块,最少者为3.2块。而每块的大小极不均匀,有大至十五亩的,小的不及一亩的。而且各块之间的距离之远也很惊人,平均为0.63公里。最远的为3.34公里。"①农场面积如此狭小零碎,土地使用的效力自然低微,农耕所获也因之激减。

总之,无论从农家土地经营面积分配上看,还是从耕地面积狭小上看,都显然地表示出中国农家是小农制的经营。我们知道小农经营有很多不利的地方,最重要的是资本、土地、劳力各方面的浪费和生产技术进步的阻碍。细分起来有以下几方面:

第一,在小农经营中,农民劳力的浪费比大农经营大,农民劳动的效率,在小农经营中没有在大农经营中高。

第二,在小农经营中畜力的浪费也和人工一样,甚至往往因耕田过少,不但不能利用进步的机器,即畜力也没有办法充分利用。

第三,小农经营排斥农具的合理应用,土地越小其费用越大而效率越低减。

第四,小农经营在设备方面的浪费性比大农经营大。

第五,小农经营对于工资的耗费比大农经营的大。

第六,小农经营减少农民工作的报酬,土地越小则劳动的收益也就越小。

---

① 项天及:"现阶段中国土地问题及其解决途径",《乡村建设》1937年第6卷第16期,第44页。

第七,农场的支出与收入相抵,小农经营所得也比大农经营小。

二、土地问题解决途径的介绍

根据以上所述,我们知道中国农村经济的崩溃,虽然有种种的原因,而土地问题却是核心所在。所以想要复兴农村,必须适当地解决土地问题。首先对于几种解决中国土地问题的方案或途径,概略地加以讨论。

（一）几种解决中国土地问题主张的评述

1. 土地国有的主张

"土地国有的主张"[①],这是共产党解决中国土地问题的政策,主张根本废除土地私有制,土地以及天然财富都由国家管理,人民仅有使用权。其所取途径有两步,第一是没收一切土地,重新分配;第二是把土地收归国有。具体的办法都见于 1930 年 5 月在上海全国苏维埃区域代表大会通过的土地暂行法和大会决定的十四条土地法令。基本主张如下:

第一,凡是地主的土地,富农出租的土地、祠堂、庙宇、教会、官产占有的土地,积极参加反革命活动分子的土地,一律无偿没收。

第二,没收的土地,一律归苏维埃政府,分配给地少与无地的农民使用。

第三,雇农、劳动、苦力、农民军不分男女,分得土地的权力

---

① 项天及:"现阶段中国土地问题及其解决途径(续)",《乡村建设》1937 年第 6 卷第 19 期,第 29 页。

平等。

第四,残废以及孤寡、衰老、没有家属可依靠且自己不能劳动者,应由苏维埃政府实行社会救济,还可选择在分得土地后另谋处置。

第五,分配土地的方法,由乡苏维埃代表大会决定。按照家庭人口、劳动能力计算土地面积,土地质量,这应尽可能适合划分土地的改革,预备削减窄狭片段,大阡小陌的各种封建遗迹。

第六,分有土地的农民,立缴相当累进的公益费,以前军阀、豪绅剥削农民的田赋、契税以及一切捐税等,一律取消。

第七,禁止一切土地买卖、租佃、押当等,以前田契、租约、押据等一律无效。

第八,大规模的森林、水利、牧场、监场、桑地等,概归苏维埃政府管理经营。

2. 土地村有的主张

"土地村有制"[①],是阎锡山的主张。他的计划,大抵取法中国古时授田制的遗意,并参照罗马尼亚等国"有偿收用"土地的办法来实行比较缓和的改革。阎氏的《土地村有办法大纲》与《办法说明》拟定公布后,其众多矛盾与事实不符。略述如下:

"第一,土地村有后,基于血统排外的心理势必非常顽固,若以地少人多的甲村农民移到地广人稀的乙村,其中的利害关系必然很难和好相处;

"第二,一个村落的耕地,不一定是一个村落所有,若甲村土地

---

① 项天及:"现阶段中国土地问题及其解决途径(续)",《乡村建设》1937年第6卷第19期,第30页。

横插于乙村与丙村之间,往往有不顾及自然区域,以人力强分,不特小农且感不适,即地主与地方政府是否可免猛烈冲突却很成问题。

"第三,各村落耕地的肥沃程度不一定相似。即以一村土地而言,其土地的肥沃程度往往有很大的差异,势则生产物亦有啬丰之别,在这场合,徒言耕地面积平均分配,而忽略肥沃程度的大小,农民固为可缄默,实土地问题亦无异于未得到解决,此理至明。

"第四,尤有甚者,若为实行土地村有主张而先行收买土地所发行无利公债的办法,实在是不合适。很明白的,发行无利公债,乡村地主所受的损失必然大,因为公债无利,必失连续贴现与流通的机能,决难强为出售。且今日的证券市场,实在没有地方公债活动的余地,故其日后的困难不堪设想。这种公债的发行,以产业保护税、劳动所得税、利息所得税等为担保,而所谓不动产应包括村公所收买的土地在内,欲征产业保护税,势必转嫁于受田耕种者,但耕者又须缴纳劳动所得税,其负担之重,自不堪言。"

3. 土地农有的主张

这一派[①]的主张大概是这样:土地由国家没收之后仍分给农民,农民不但有使用权且有土地所有权。这种方法,"非特于小农制经营之短处莫能去,实足以助长纠纷,而结果狡而有遗产者,仍可由小农生长为大农,土地仍集中于少数地主之手,愚而无遗产者,必逐渐失去其土地,而渐进于赤贫,如此解决土地问题,无异于徒扰农村、贻害佃民"。

---

① 项天及:"现阶段中国土地问题及其解决途径(续)",《乡村建设》1937年第6卷第19期,第30页。

（二）解决中国土地问题的途径

首先必须认清这点，以维持土地私有为解决中国土地问题之条件，那是根本不可能的，也没有必要。"我们的意向无疑是土地国有，即三民主义中平均地权的最后阶段的最高形态。"①我们必须本力之所及，势之可行，以和平之努力，而收伟大之结果的根本前提去认取中国土地问题解决的正当途径。然而，要符合这个宗旨，只能以合作为基础。因为合作主义以乡村人民为主体，以集体的劳力财力为基础，以人我互助、共谋经济上之改善为精神，"既非过激，也不陷于改良主义者之口惠寡臼，尤其无超过现实之空想与延长土地私有制的弊病"。同时，"更以政府机关社会团体为上层之推动设计，而以民力为本，由合作公耕，土地社有即公有渐进为土地国有"。在这个过程中，也可以解除经营的不利。同时，更可以合作垦殖的方式，解决了耕地不敷的问题。于此时，"不特各种属性之合作（若农村消费合作、运销合作、各种类生产合作等）相援相引而日益开展，且因乡下人习于团体组织，则进步的生产技术，也必定得以置之运用"。"生产力发展，则农业经营便可以日臻改良，合作生产当更日进增加。于此际也，农产制造、农业化学以及农业机械等，亦必发端于农村，这样，农村工业亦可应运而蓬勃兴起。由此开展出来的工厂，自然不是资本主义形态的工厂而是合作工厂，合作工厂有一步的进展，土地私有的形态必然得到进一步的削减。盖合作工厂加工制造的原料，固非来至外国，亦非或仰给于大

---

① 项天及：："现阶段中国土地问题及其解决途径（续）"，《乡村建设》1937 年第6 卷第 19 期，第 31 页。

地主,必自有集体化的合作农场为其经营的供给。"①总之,解决中国土地问题所走的途径,是合作,以合作削减土地私有,以合作促进土地国有,更以合作增加生产,达到农村工业化的先驱。合作不仅是中国土地问题解决的枢纽,更是中国经济建设必由的有效途径。

---

① 项天及:"现阶段中国土地问题及其解决途径(续)",《乡村建设》1937 年第6 卷第19 期,第31 页。

第七章 结语

　　中国自古以来就是一个农业大国,中国农业的发展对于整个国家的发展起着至关重要的作用。民国时期,以梁漱溟为代表的乡村建设学者们也意识到乡村建设这一问题的严重性,他们践行乡村建设,认为只有首先解决好农村问题,才能解决中国的发展问题。《乡村建设》期刊是在民国时期内忧外患并存这一大背景下创办和发展的。当时,我国政治混乱,经济严重恶化,同时还遭受着帝国主义的侵略。袁世凯篡权而后,我国进入了军阀割据阶段,在政治上不断暴露出来的问题,迫使社会上各阶层的人们不得不重新面对两大问题:政治问题和经济发展问题。这两个问题是相互影响、相互依存的。而这两个问题在乡村中表现得最为严重。人们便开始了对乡村建设的思考,乡村建设运动在各地纷纷发展起来。《乡村建设》期刊从1931年创办以来,无不围绕着乡村建设这个中心进行探讨与研究。该期刊作为当时对乡村建设运动研究较为权威的综合类杂志,对它的研究有助于我们厘清我国民国时期的整体乡村建设运动的状况。在此,我们有必要对民国时期创办的《乡村建设》期刊做一个轮廓性的描述、勾勒与总结。同时,笔者认为,《乡村建设》关于民国时期的乡村建设问题的研究,不少经济思想研究成果即使在改革开放的今天,仍然具有重要的理论参考价值,对当代我国农业现代化问题、新型城镇化问题、农村金融体系问题、农村管理问题的研究具有一定的启示意义。

一、《乡村建设》的学术贡献

（一）立足中国传统文化，传承中国传统思想

1931—1932 年为《乡村建设》的草创时期，其所刊登的文章以纪实和反映乡村问题为主，而到了 1935 年后，《乡村建设》上的文章大多运用了理论分析工具来研究当时的乡村问题，这一点与他们之前的学者们迥然不同。晚清和民国前期的康有为、梁启超、孙中山、李大钊等人，有着非常丰富的乡村理论思想，他们传播或提出的经济、政治思想在中国产生了重大影响，但他们并不是科班出身，并非专门的经济学家、政治家，况且他们受西方资本主义思想的影响，始终不能脱离西方的那一套来分析中国乡村问题。因此他们对中国乡村问题的研究也仅仅是从大方向谈论之，缺乏系统的介绍和研究。《乡村建设》上的绝大多数作者是农民出身，对乡村问题有着系统的研究，如梁漱溟、梁秉镆、杨效春等。这些学者立足于我国传统文化思想，彻底摆脱了西方思想的束缚，并且设身处地站在农民的立场上提出问题，研究出一套适合乡村发展的理论。

《乡村建设》以梁漱溟为其理论思想的领导者。梁漱溟在乡村问题上，主要从传统文化入手，在不违背任何天道、人道规律下，提出了新的乡村建设理论，完全是在西方思想之外的中国固有的思想，这不但在学术上给乡村建设带来了实有成效的方法，也在一定程度上，带动人们脱离西方思想的局限性束缚，启发人们用自身的文化思想来解决自身的问题，传承中国文化思想。

（二）乡村建设理论的创新与实践结合

《乡村建设》由当时名声显赫的山东乡村建设研究院主办,在山东乡村建设研究院下,还设有农场、实验区等,这就为乡村建设理论创新提供了有效的试验基地。《乡村建设》中,也有不少学者深受西方资本主义思想的影响,他们在思想上代表着"中体西用"的一方。《乡村建设》中刊登的一些文章介绍了国外学者的理论。而主要用中国文化思想救国的学者,如梁漱溟,其思想代表着中国传统文化思想。这些不同派别、不同人物的思想,在当时能否解决中国乡村问题,都是未知的。试验是理论的试金石,实践出真知,只有通过试验才能知道哪种乡村建设理论思想是适合中国国情、利于中国发展的。而有实验区作为理论的实践平台,促成了《乡村建设》发展为研究乡村建设理论的最具权威性的期刊之一。此外,在对这些理论进行论争的过程中,学者们又将所创新的理论融入现实乡村问题中进行研究,使乡村建设理论在一次又一次论争中得到创新和发展。《乡村建设》中也有对当时很多乡村问题进行讨论的文章,譬如对于当时的乡村教育问题、乡学的研究、乡村经济问题、乡村自治问题等,对这些问题的讨论可以进一步加快这些理论的创新。在对这些现实的经济问题的论争中,学者们不仅将所学的乡村建设理论应用于实践,而且还将乡村建设理论进行升华和创新,使之更加符合中国当时的实际情况。

二、《乡村建设》的历史影响

（一）乡村建设理论服务于政府决策

《乡村建设》上所刊载的乡村建设的文章,都有一个明显的特点,即以乡村发展为前提。

《乡村建设》早期的理论思想,主要是服务于政府决策,其中,政府的角色也有所转变,从"守夜人"的角色转变为"游戏规则制定者"。学者们通过对乡村建设问题的探讨以及对乡村建设理论的分析研究,为当时政府制定解决乡村问题的政策提供了一定依据。如梁漱溟的乡村建设理论研究、蓝梦九的农业机械合作化研究、杨效春的乡学研究,都得到了政府的支持。

（二）乡村政策研究直接被政府所采纳

到1935年后,《乡村建设》已经成为民国时期比较有影响力的一本杂志,它依托于山东乡村建设研究院乡村建设编辑部的编者队伍和国内乡村建设领域的著名学者组成的作者队伍,其中某些思想在当时也具有重要的影响。最为典型的当属关于解决乡村教育问题的措施,在后来政府政策中有一些具体的实施体现。其中杨效春谈到的乡村教育建设的途径,即通过成年教育、师范教育来带动乡村的教育,得到了当时山东政府的支持,并在邹平县中实施,取得了良好的成效。

三、《乡村建设》的现实启示

（一）对治学态度的启示

《乡村建设》上的文章,虽种类变化多样,文体不一,但都反映出一种很朴实的治学态度,即客观的、就问题论问题的治学态度。在当时外敌侵略、乡村经济环境极度恶劣的大背景下,社会上还能有这么一群关注中国乡村问题的有志之士,在如此危机下,还能保持严谨治学的态度,不急不躁,处乱不惊,处变不惊,志在建设中国城乡,救国救民于水深火热之中。而在如今和谐的大背景下,学术界却显得急躁、浮躁一些。相比之下,当时的治学态度就显得更为珍贵,也为我们现今的学术界提供了可以借鉴的治学模式。

（二）对本土化问题的启示

《乡村建设》上关于乡村建设理论的介绍以及乡村建设理论的应用的文章,反映出当时学者们所考虑的"学术本土化"。期刊即使对乡村建设理论的介绍也并不是全盘接受的,作者们更多地考虑中国乡村本土化问题,立足于中国的乡村问题上,从中国传统文化思想出发,使之更加适合本国国情。如茹春浦在乡镇公约自治问题上的探讨,是想通过中国传统文化思想——乡约思想,促使人们自觉遵守公约,安守社会秩序,以诚相待,以礼相交,用社会礼俗来制约人们的行为,达到乡村自治的效果。期刊利用西方乡村建设学理论解决中国的现实乡村问题,更是将其理论本土化,使之符合中国实际。譬如梁漱溟在"欧洲独裁制之趋势与我们人治的多数政治"一文中,对欧洲独裁制的论述,预见了欧洲西方各国资本主义思想存在的弊端,指出其不适合于中国发展的因素,提出了人治思想。"学术本土化"问题给我们以启发,我们要根植于中国五千年来的传统文化,在中国传统文化思想中寻求适合中国发展的道路,使理论更好地为现实服务。

（三）对"三农"问题的启示

1. 农业现代化从民国开始

农业现代化是最近几年我们听到的新名词,是改革开放后我国提出的发展战略。其实早在民国时期,梁漱溟在《乡村建设理论》中就有了发展农业现代化的思想,提出通过技术的改进和经济的改善来促进农村的发展的思路。所谓谋求技术的改进就是通过先进技术如改良种子、农具、农业制造、农业工具等来提高农业产品的数量和质量;所谓谋求经济的改进就是通过合理的经济布局如建立起整个农村的合作体系和合作网络等手段把农村资金、人力、物力有效地结合起来,发挥其最大效率。由此可见,农业现代化的思想早在民国时期已经存在,也就是说无论国家处在何种背景下,国家的发展农村必须先行,农村问题的解决是中国问题解决的必经之路。

2. 为新型城镇化建设提供新思路

民国时期的乡村建设,不仅研究乡村建设理论,更多的是将其理论付诸实践,如乡村建设理论践行者晏阳初在河北保定的实验、梁漱溟在山东乡村建设的实验、卢作孚在重庆北碚的实验。特别值得一提的是卢作孚在北碚的成功实践,他将一个贫穷落后、交通闭塞、治安极差的偏僻乡村在不长的时间内建立成为交通便利、安居乐业、具有现代化雏形的乡村。他的乡村现代化的建设与我们现在的新型城镇化建设有异曲同工之处,他在乡村建设中形成了"以经济建设为中心,以交通运输为先导,以兴办产业为基础、以科技服务为手段的"建设路子,即使在中国经济高速发展的今天也不失为良策,为我们现在建设新型城镇化,提供了新的改革思路。

3. 为完善农村金融体系提供了新路子

农村的发展很大程度上受制于资金的约束,资金缺乏、融资难是农村发展亟待突破的瓶颈。关于如何解决农村金融问题,《乡村建设》提出了不少解决思路,如茹春浦在"农村金融组织问题解决的途径"一文中,提出了从农民银行到合作银行的发展之路,就有很好的借鉴作用。在农村发展初期,应先建立官办性质的农民银行,并以其为中心,将现有的分散的农村金融机关划归到农民银行的管理之下,为农村经济服务。待农村经济发展到一定程度,就需要建立民办性质的合作银行与之过渡来满足日益变化的农村发展需要。这里的合作银行是以信用合作社为根基的,以县为单位,由全县信用合作社联合组织而成的,与农民银行合为一体。其股本有政府的农行资金、各联合会的合作资金及农民个人资金三种,其中合作资金或社会资金逐渐增大而居于主导地位。它是完全意义上的农村金融制度的本体形态。我国目前的农村金融体系主要分为三级:农业政策性银行(中国农业发展银行)、现代化股份制商业银行(中国农业银行)、合作银行(农村信用社)。从形态上看,目前我国农村金融体系似乎还是比较完备的,但现在的合作银行并没有充分发挥其功能,没有做到真正地为农村、农民、农业服务。《乡村建设》中对合作银行的解析,为我们现在的农村信用社的改革提供了新的思路,为完善农村金融体系提供了新路子。

4. 为现代农村管理提供了可供参考的办法

农村管理是影响农村经济发展的关键一环,我们在践行农业现代化的过程中,也在不断调整农村管理方法,与农村经济发展相适应。目前我国广大农村普遍采用的是村民自主管理,即自律的管理,方法比较单一,有待于进一步完善。《乡村建设》杂志中,也提出一些农村管理的方法,其中的一些方法对我们现代农村管理方式的拓展提供了借鉴作用,如梁漱溟的《乡村建设理论》提出的乡约思想。

四、《乡村建设》的局限性

任何时期的刊物与发表文章的学者,都不可避免地存在着这样或那样的局限,《乡村建设》及其期刊的作者们,也因其期刊的时代背景、编者局限性以及作者的家庭出身、受教育背景、个人经历和政治地位的影响等,存在着很大的局限性。

纵观《乡村建设》,其所反映的经济思想确实为我们现在的农业现代化建设及城乡合理统筹有所启发,但也存在一定程度上的局限性,主要表现在两个方面。其最主要的表现为《乡村建设》所代表的阶级性。具体而言,有如下几个方面的局限性。

第一,就《乡村建设》而言,它不是一本全能型的期刊,无法涵盖当时乡村建设的所有情况,具体表现为:其一,期刊所研究的内容具有明显的地域限制,它的研究主要以山东为地域对象进行考察,特别是实验县乡村问题揭露,只有一个地区的问题和数据,没有全国的数据。其二,期刊所研究的内容具有明显的乡村建设运动倾向,它的研究主要以各地乡村建设运动中存在的问题为主,而对其他农村的问题研究鲜有涉及。这两点局限性表明仅凭一本《乡村建设》想全面展现民国时期我国乡村建设思想是不具有说服力的,但对《乡村建设》的研究,能展现参与乡村建设运动的各个地区的乡村问题,如教育问题、经济问题,人口问题等。

第二,《乡村建设》的编者大都由原河南村治学院的研究人员组成,对山东政府的依赖过强。其局限性表现为:其一,从期刊的目录来看,期刊对乡村建设问题探讨最为激烈,而对当时的政治问题很少有提及。其二,从期刊研究深度来看,期刊对于时事问题只是简单介绍,而缺乏深层次的分析,对于这些涉及政治上的问题,《乡村建设》都只是保持中立的态度,不多加评论。

第三,《乡村建设》的作者队伍,大都是该领域的专家、学者和政府公职人员,《乡村建设》在对中国乡村问题的解读中就会偏重国民政府,所提供的治理措施就会有其局限性。

附录一 《乡村建设》杂志目录

第 4 卷第 23 至 26 期合刊　1935 年 5 月 11 日出版

第 4 卷第 27 期　1935 年 5 月 21 日出版

第 6 卷第 6 期　1936 年 11 月 1 日出版

第 6 卷第 7 期　1936 年 11 月 16 日出版

附录二 《乡村建设》作者群一览及期刊文章关键词

[1] 白飞石

1."贺家村村学工作回顾谈",第 4 卷第 28 期,第 6—14 页,举办调查、村学、社会活动

[2] 陈道传

1."邹平农村金融流通处二十三年度报告",第 4 卷第 30 期,第 2—6 页,邹平、农村金融、流通、商业银行、流通处组织

[3] 陈镜人

1."河北合作事业考察记(续完)",第 2 卷第 19、20 期合刊,第 18—31 页,信用合作社、运销合作社、联合会

2."合作兼营会计问题研究",第 6 卷第 15 期,第 21—32 页,兼营会计、单营会计、特质、会计制度、损益处分

[4] 陈礼江

1."中国最近之教育思潮和实际运动",第 2 卷第 16 期,第 9—11 页,教育改革、中国化、实践运动

[5] 陈一

1."北夏的乡村建设协会",第 4 卷第 6 期,第 11—13 页

[6] 陈以静、任善立

1."河北合作事业考察记",第 2 卷第 17、18 期合刊,第 38—

44 页,河北、合作、组织、救灾会、经济协助

[7]　方悴农

1."乡村青年农事补习学校的初生",第 4 卷第 5 期,第 6—13 页,联合开工、消费合作、生计调查

[8]　方铭竹

1."生产合作社之研究",第 6 卷第 1 期,第 25—30 页,工业生产合作、农业生产合作

2."日本地方收入论",第 7 卷第 1 期,第 26—29 页,地方税、国税、日本

3."欧美合作事业在国民经济上之地位",第 7 卷第 4、5 期合刊,第 19—24 页,欧美、合作事业、农村经济、生产与流通

[9]　公竹川

1."本院霍家坡实验民众学校的办法及其意义",第 2 卷第 27 至 29 期合刊,第 10—26 页,自然环境、社会环境、组织

2."全国乡村建设协进会将在邹平开成立会",第 2 卷第 30 期,第 4—6 页

[10]　郭宗邦

1."除虫菊栽培法",第 6 卷第 11、12 期合刊,种类、性状、气候、来历、土质

2."除虫菊栽培法(续)",第 6 卷第 13 期,第 44—51 页,施肥、管理、收获、收支计算、杀虫剂

[11]　国琛

1."农村凋敝之实际原因",第 6 卷第 7 期,第 79—80 页,凋敝、就业、城市、佃农

[12]　褐夫

1."怎样使农民能接受我们的一切建议",第6卷第10期,第92—93页

[13] 侯子温

1."基督教会的乡村运动",第2卷第17、18期合刊,第45—53页,乡村运动、基督教

[14] 黄朝仁

1."福建乡村事业剪影",第6卷第13期,第52—59页,农业教育、合作事业、民众教育、卫生事业

[15] 黄明

1."北行纪略(续)",第4卷第27期,第15—16页,水利、农业保障、合作社、国营农场

2."四年来日本农村经济更生之设施",第6卷第8期,第1—11页,日本、农民道场、农村工业

3."三十岁的日本陶村合作社",第7卷第1期,第30—45页,地势、经营状况、信用事业,农会

[16] 季良

1."新兴的一种师范教育",第6卷第11、12期合刊,第25—35页,师范教育、精神陶练、生活指导、组织系统

[17] 金步池

1."安徽的农会事业",第6卷第7期,第39—44页,安徽、农会制度、现状

[18] 金锡九、艾永清

1."邹平附近各县大豆品种比较试验报告",第2卷第19、20期合刊,第16—18页,材料、播种时期、试验方法

[19] 金永铎

1."河南辉县乡村建设实验区概述",第 6 卷第 7 期,第 44—46 页,组织、经费、建设纲领

[20] 孔雪雄

1."沈定一先生及其主办的乡村自治",第 2 卷第 7、8 期合刊,第 1—20 页,乡村自治、工作大纲、附录

[21] 蓝梦九

1."中国农村中固有合作雏形的记载",第 2 卷第 2 期,第 1—8 页,婚丧合作类、农业生产合作类、置产合作类

2."农业机械化问题",第 2 卷第 3 期,第 1—4 页,农业、机械化、趋势、必要性

3."农业机械化问题(续完)",第 2 卷第 4 期,第 1—5 页,机械化、种类、机械利用法、合作组织

[22] 黎涤玄

1."日本福冈全村学校一瞥",第 6 卷第 11、12 期合刊,第 60—69 页,动因、史略、组织、活动

[23] 黎康民

1."乡村运动与政府农政之分际问题",第 6 卷第 7 期,第 1—2 页,乡村运动、政府、动力、立场

2."乡村运动与政府农政之分际问题(中)",第 6 卷第 8 期,第 12—18 页,乡村运动、政府农政

[24] 李承忠

1."农村改进事业考察团纪要",第 2 卷第 24、25 期合刊,第 21—33 页,农村组织、农村经济、土地分配、农村教育

［25］ 李兢西

1."参加乡村工作讨论会记",第4卷第10、11期合刊,第24—36页,乡村建设、乡村运动、民众教育、县政改革

［26］ 李志纯

1."民众学校高级部自然科学一科设立之意义",第2卷第26期,第4—5页,自然科学、自然现象、乡村问题

［27］ 梁秉镆

1."中国造林学",第2卷第1期,第22—30页,苗木、整理林地、植树形式、分殖造林法、接木造林法

2."中国造林学(续)",第2卷第2期,第12—19页,森林抚育法、伐木、森林作业法

3."中国造林学(续)",第2卷第4期,第12—17页,针叶树类、扫帚柏、马尾松

4."中国造林学(续)",第2卷第5期,第1—7页,黑松、白皮松、造林法、阔叶树类

5."中国造林学(续)",第2卷第6期,第5—8页,桐叶树类、杨类、柳类、榆

6."中国造林学(续)",第2卷第9期,第11—18页,槐、黄杨、桐、樟、竹类

［28］ 梁建章

1."泰山凿泉记",第2卷第2期,第22—23页,泰山、泉、供饮

［29］ 梁君大

1."邹平实验学校小学部",第4卷第15期,第19—23页,教育方针、儿童教育

［30］ 梁漱溟

1.“乡农学校的办法及其意义”,第 2 卷第 16 期,第 1—8 页,乡农社会、功课设计、农民运动

2.“乡村建设理论提纲”,第 2 卷第 22、23 期合刊,第 1—8 页,乡村建设、阶级对立、经济保障

3.“乡村建设是什么?”,第 2 卷第 30 期,第 1—3 页,乡村建设、乡村破坏、经济建设、社会组织

4.“村学乡学之由来”,第 4 卷第 3 期,第 2—6 页,村学、乡学、政治习惯、伦理精神

5.“村学乡学之具体办法”,第 4 卷第 4 期,第 2—5 页,前方工作、组织灵活、乡理事、基础

6.“孔子学说的重光”,第 4 卷第 5 期,第 2—6 页,孔子、论语、自己学

7.“杜威教育哲学的根本观念”,第 4 卷第 6 期,第 2—10 页,生命观念、智慧、习惯、教育、民本主义

8.“精神陶练要旨”,第 4 卷第 7、8 期合刊,第 4—19 页,精神陶练、乡村服务、民族、社会

9.“民众教育何以能救中国?”,第 4 卷第 7、8 期合刊,第 26—30 页,民众教育、经济问题、帝国主义

10.“社会教育与乡村建设之合流”,第 4 卷第 9 期,第 2—6 页,社会教育、乡村建设

11.“乡村建设几个当前的问题”,第 4 卷第 10、11 期合刊,第 2—3 页,帝国主义、不良政治、救济乡村

12.“乡村青年训练问题”,第 4 卷第 12 期,第 2—8 页,高级小学、职业教育

13. "三种人生态度",第 4 卷第 13 期,第 2—3 页,人生态度、追求、厌难、郑重

14. "乡村建设的旨趣",第 4 卷第 14 期,第 2—3 页,乡村建设、工业化、都市文明

15. "研究'乡村建设'的途径",第 4 卷第 15 期,第 2—6 页,乡村建设、生产教育、经济建设、政治问题

16. "欧洲独裁制之趋势与我们人治的多数政治",第 4 卷第 22 期,第 2—4 页,独裁、人治、政治

17. "政教合一",第 4 卷第 22 期,第 5—9 页,政教合一、教育、民治主义

18. "乡村运动中的三大问题",第 4 卷第 27 期,第 2—6 页,工业、农业、政治、教育

19. "往都市去还是到乡村来?——中国工业化问题",第 4 卷第 28 期,第 2—5 页,工业化、农村、都市、破坏

20. "我们对时局的态度",第 6 卷第 10 期,第 1—8 页,时局、说明、推测、根本态度

21. "中国政治问题之解决",第 6 卷第 11、12 期合刊,第 1—24 页,社会、政权、政治问题

22. "中国政治问题之解决(续)",第 6 卷第 13 期,第 1—16 页,具体设计、乡村运动、知识分子

23. "我们的两大难处",第 6 卷第 14 期,第 1—10 页,社会改造、依附政权、乡村运动

24. "中国之经济建设",第 6 卷第 15 期,第 1—20 页,西洋、特殊性、方针路线、农业

25. "中国之经济建设(续)",第 6 卷第 16 期,第 1—30 页,农

业、技术进步、合作组织、金融流通、土地问题、农民合作、工业化

26．"怎样应付当前的大战"，第 7 卷第 1 期，第 1—6 页，民族抗战、政治民主化、第三原则

27．"乡村建设理论提纲"，第 7 卷第 4、5 期合刊，第 1—18 页，乡村建设、抗战、新社会、工业建设

［31］ 刘梅村

1．"吾国农村间的合作基础及要求"，第 2 卷第 21 期，第 7—9 页，农村、合作、工具利用、深耕

2．"参观韩家坊子学生结业典礼及回忆"，第 2 卷第 22、23 期合刊，第 35—36 页，学生概况、校外活动

［32］ 刘士达

1．"邹平南马山林业公会工作"，第 2 卷第 1 期，第 37—38 页，环境、生产、调查

［33］ 刘希章

1．"贺家庄女校简报"，第 2 卷第 1 期，第 38—40 页，招生、学生数、教学时间

2．"乡村捐款救国（续完）"，第 2 卷第 2 期，第 28—29 页，抗日、捐款、救国

［34］ 马资固

1．"棉花运销合作社销售问题之研究"，第 6 卷第 16 期，第 33—37 页，销售方法、销售政策、销售价格

2．"棉运社之贮藏保管问题"，第 7 卷第 1 期，第 18—25 页，贮藏保管、仓库建筑、火灾防范、组织

［35］ 梅思平

1．"中国五个实验县的比较"，第 4 卷第 12 期，第 9—12 页，定

县、邹平、教会、教育

〔36〕 孟张龙

1."山东乡村建设研究院旅行团纪实",第 2 卷第 3 期,第 23—33 页,旅行动机、旅行准备、旅行见闻

〔37〕 潘一辰

1."山东省立十二校师范女生乡村服务训练概述",第 6 卷第 10 期,第 9—29 页,下乡、训练基础、课程设计、工作报告

〔38〕 裴雪略

1."与蒙阴同学王意诚书",第 2 卷第 9 期,第 6—8 页,乡农教育、乡村运动

2."乡村运动与乡村运动者",第 2 卷第 9 期,第 8—10 页,乡村运动、乡村运动者

〔39〕 裴占荣

1."与离邹同学书",第 2 卷第 26 期,第 6—7 页,民族、组织

〔40〕 濮秉钧

1."国内各地乡村青年教育设施的动向",第 6 卷第 14 期,第 24 页,青年教育、训育管理、教学方法

〔41〕 钱以振

1."农村改进中之青年组织意见书",第 2 卷第 15 期,第 22—24 页,农村改进、青年组织

〔42〕 乔政安

1."农品展览会与农业改良",第 2 卷第 10 至 14 期合刊,第 151—155 页,刺激、材料、消除隔阂

2."梁邹美棉运销合作社概况报告",第 2 卷第 19、20 期合刊,第 1—16 页,运销合作社、分社、接洽贷款、借款

3. "本院农场改良脱籽美棉推广报告",第 4 卷第 10、11 期合刊,第 18—23 页,推广、棉种、区域、统计

［43］ 青苗法

1. "菏泽实验县宝镇乡乡农学校",第 4 卷第 14 期,第 10—25 页,校组织、自卫班、民众夜校、农村互助社

2. "乡农学校进行的步骤",第 6 卷第 11、12 期合刊,第 36—43 页,乡农学校、政治力、教育

［44］ 清居

1. "给乡村运动者之第二封信",第 2 卷第 3 期,第 33—44 页,西洋教育、人生观、乡村建设

［45］ 茹春浦

1. "关于区乡镇自治公约问题之讨论",第 2 卷第 2 期,第 9—12 页,成立根据、性质

2. "关于区乡镇自治公约问题之讨论(续)",第 2 卷第 3 期,第 4—11 页,比较、定义、手续、形式、范围

3. "关于区乡镇自治公约问题之讨论(续完)",第 2 卷第 4 期,第 6—12 页,乡镇组织、乡镇财政、经济、奖励、改良风俗

4. "介绍一个人民自动办理的县自治",第 2 卷第 17、18 期合刊,第 1—30 页,镇平县、自治、组织、程序、民团、特点

5. "中国佃租问题的一个分析",第 4 卷第 1 期,第 4—10 页,佃租、制度、分配、经济原则

6. "中国现在乡村金融问题的概观",第 4 卷第 2 期,第 1—7 页,乡村金融、金融机构

［46］ 绍权

1. "碱地改良与抗碱植物",第 4 卷第 2 期,第 7—13 页,碱地、

形成、种类、影响、改良、抗碱植物

［47］ 时济云

1."青年教育原论与山东青年教育问题",第6卷第14期,第11—20页,青年教育、训练、学校教育

［48］ 史之华

1."抗敌中之家长训练",第7卷第4、5期合刊,第41—48页,民众教育、社会式、家庭式、训练办法

［49］ 宋乐颜

1."邹平县第六区霍家坡实验民众学校参观纪略",第2卷第7、8期合刊,第28—31页,成立经过、组织、课程、社会活动

2."邹平的成年教育",第6卷第16期,第49—69页,青年、义务教育、课程设置

［50］ 宋廷栋

1."乡村建设事业在嘉兴",第6卷第10期,第75—77页,乡村建设、机构、组织规程

［51］ 宋紫云

1."中国农村改进问题",第2卷第1期,第13—21页,人均收入、教育水平、农村自治

［52］ 唐现之

1."乡村工作者的培养之商榷",第4卷第22期,第22—26页,乡村工作、知识分子、青年教育

［53］ 唐肇廉

1."科贡乡农事调查报告",第2卷第7、8期合刊,第20—28页,农村组织、教育状况、农业经营、土地分配、农业改良

［54］ 田慕周

1.“调查户口须知”,第 4 卷第 15 期,第 24—30 页,户口调查表、调查员、指导员、巡察员

［55］ 王柄程

1.“乡村学臆说”,第 4 卷第 13 期,第 4—8 页,教育方式、为政

［56］ 王伯平

1.“我们努力的两点”,第 2 卷第 9 期,第 1 页,接近民众、新教育

2.“农学上的三个时期”,第 2 卷第 10 至 14 期合刊,第 155—156 页,靠天时期、助天时期、靠人时期

3.“献给地方上的领袖们”,第 2 卷第 15 期,第 1—2 页,组织、责任、领袖

4.“本院试验区设立与进行”,第 2 卷第 21 期,第 9—11 页,自治制度、试验区

［57］ 王达三

1.“定县合作事业之基础”,第 6 卷第 11、12 期合刊,第 75—78 页,生计训练、合作经济、组织

［58］ 王洁人

1.“劝止穷窿老会的经过”,第 4 卷第 2 期,第 14—18 页,组织、发动、劝导、解散

［59］ 王静如

2.“‘抗日’与‘乡运’”,第 2 卷第 26 期,第 1—4 页,抗日战争、乡村运动

［60］ 王聊奎

1.“我国土地分配问题资料之分析研究(续完)”,第 6 卷第 10 期,第 78—89 页,土地分配、富力、租地关系

［61］ 王湘岑

1."下乡后的一点感想——写给作乡村运动的朋友们",第2卷第1期,第31—37页,乡农学校、农事、教育

2、"乡村建设从何处作起?",第2卷第1期,第40—43页,经济、教育、自卫、精神、工具

3."一个乡村运动的模范人物",第2卷第5期,第7—12页,传略、志趣、操守、教训

4."为研究民生问题者进一解",第2卷第5期,第14—16页,民生、帝国主义、

［62］ 王意诚

1."沾化县第六区社会概况",第4卷第4期,第10—16页,交通、人民负担、教育、农业

［63］ 王志智

1."严敬齐先生讲乡村问题",第2卷第5期,第12—14页,金融建设、健康问题、农民自卫、公民训练、农民生计

［64］ 吴承洛

1."乡村建设和划一的度量衡标准",第4卷第1期,第2—4页,乡村建设、度量衡、划一、标准

［65］ 吴顾毓

1."举办户籍之步骤",第6卷第8期,第35—54页,区域编分,编订门牌、登记准备

［66］ 项天及

1."中国土地问题及现阶段及其解决途径",第6卷第16期,第39—48页,土地分配、土地使用、农地经营、耕地不足

2."我国战时粮食问题的检讨",第7卷第1期,第10—17页,

战争、粮食自给、生产、节约消费

［67］ 熊国霖

1.“一个努力湖南乡村建设事业的学校”,第 6 卷第 15 期,第 53—54 页,编制、旨趣、乡建工作

［68］ 徐宝谦

1.“黎川实验区建设农村的几个基本原则”,第 6 卷第 16 期,第 80—81 页,宗教、科学、政治、教育、实事求是

［69］ 徐伯康

1.“江西省特种教育巡回教学团实施概况”,第 6 卷第 15 期,第 62—64 页,创设经过、任务、组织、施教

［70］ 许家藩

1.“一个试办的青年学园”,第 6 卷第 10 期,第 71—74 页

［71］ 许仕廉

1.“户口调查指南”,第 2 卷第 1 期,第 1—13 页,户口调查、重要性、调查步骤、问卷设计

［72］ 薛名猷

1.“江苏省立教育学院高院长讲演词”,第 2 卷第 2 期,第 19—22 页,文字教育、公民教育、健康教育、生计教育

［73］ 严敬齐

1.“邹平实验县令各项发行仓谷证券之旨趣与办法”,第 4 卷第 13 期,第 21—23 页,邹平、证券

［74］ 阎若雨

1.“邹平第六乡学工作概况”,第 4 卷第 30 期,第 7—15 页,经济背景、合作系统、教育事业

［75］ 杨骏昌

1.“对农本局设立县合作金库之商榷”,第 6 卷第 11、12 期合

刊,第44—50页,农业银行、合作金库、贷款

2.“记农村合作教育协进会”,第6卷第16期,第71—74页,起缘、成立、组织规程、工作计划

[76] 杨士佶

1.“大豆在中国之用途”,第4卷第27期,第10—14页,性能、用途、食料、绿肥

[77] 杨效春

1.“乡农教育释义”,第2卷第9期,第2—5页,教育对象、教育旨趣、农民教育、社会教育

2.“谁是学生?”,第2卷第15期,第2—6页,乡农学校、年龄限制、结业限制

3.“乡农教育服务指导大纲”,第2卷第21期,第1—6页,旨趣、目标、教育设施、课程、教育方法

4.“写给各县服务的同学”第2卷第21期,第6—7页,种树造林、合作、组织

5.“乡农学校的学团编制”,第2卷第22、23期合刊,第8—16页,乡农学校、教育、学生家境、学生来历

6.“乡农学校的活动”,第2卷第24、25期合刊,第1—7页,人生教育、乡村建设

7.“邹平教育之路”,第4卷第7、8期合刊,第19—26页,组织、村学

8.“寄给准备入乡工作的同学”,第4卷第12期,第12—19页,活动事项、失学儿童、社会教育

9.“写给在乡工作同学的第一二三封信”,第4卷第13期,第9—16页,话剧、电影、教材

10."写给在乡工作同学的第四五封信",第 4 卷第 14 期,第 4—9 页,柳州沙塘、实习、学校

11."写给在乡工作同学的第六七八封信",第 4 卷第 15 期,第 7—18 页,教材、招生、儿童教育、健康

12."写给在乡工作同学的第十一封信",第 4 卷第 22 期,第 10—16 页,村学、实习

[78] 姚公直

1."这尚不够警惕的吗?",第 6 卷第 8 期,第 87—89 页

[79] 尹明甫

1."邹平印台乡农学校报告",第 2 卷第 21 期,第 11—17 页,合作社、调解会、公会章则

[80] 尹树生

1."农业机器化与农具利用合作社",第 6 卷第 13 期,第 28—37 页,农具、农业机器化、农业合作

2."利用合作经营要论自序",第 6 卷第 16 期,第 31—32 页,合作社、经营

[81] 于鲁溪

1."山东乡村建设研究院农场计划",第 2 卷第 3 期,第 11—23 页,农场组织、工作计划、改良

2."山东乡村建设研究院第二届农品展览会的经过",第 2 卷第 10 至第 14 期合刊,5—20 页,会期、征集办法、组织、通知、大纲

3."邹平实验县区蚕业之改进",第 2 卷第 22、23 期合刊,第 16—30 页,邹平县、蚕业、合作社

4."本院农场二十一年棉业推广活动",第 2 卷第 24、25 期合刊,第 7—19 页,棉业、推广、种子分配

［82］ 翟茂林

1. "抗日战争与民众组织",第 7 卷第 4、5 期合刊,第 25—40 页,抗日战争、民众组织、战时统制、地方武力

［83］ 张宝舫、孙润生

1. "邹平二区乡农学校报告",第 2 卷第 17、18 期合刊,第 30—38 页,二区概况、服务人员、校址校舍、经费、招生、课程

［84］ 张静轩

1. "乡村运动者的一封信",第 2 卷第 17、18 期合刊,第 57—58 页,乡农学校、农业国家

［85］ 张履德

1. "邹平第七区信义机织无限合作社一周年报告",第 2 卷第 22、23 期合刊,第 31—35 页,邹平县、产量、干事会议

［86］ 张潜

1. "贡献给乡村运动者几种农民心理",第 2 卷第 27 至 29 期合刊,第 6—8 页,社会心理、靠天吃饭、畏官敬师

［87］ 张寿堂

1. "从事乡运工作者应有的几个条件",第 6 卷第 10 期,第 95—96 页,人格端正、态度谦恭

［88］ 张筱珊

1. "黄墟农村改进会试验区最近工作",第 2 卷第 1 期,第 44—45 页,兴修水利、运销合作、引种金针

［89］ 张玉山

1. "农村形态:邹平农家妇女访问的尝试",第 6 卷第 7 期,第 63—75 页,访问事项、访问人员、访问方法

［90］ 章元善

1．"农民怎样可以走上富裕之路"，第 6 卷第 10 期，第 97—100 页，农村、手工业、副业、国货公司

［91］ 赵钟骏

1．"博野农村建设辅导委员会及其工作"，第 6 卷第 8 期，第 71—75 页，背景、使命、组织、工作、职责

［92］ 周松五

1．"创办少年补习班述略"，第 4 卷第 5 期，第 13—15 页，教师、学生、课业、课本

［93］ 周文山

1．"写给乡村教师"，第 4 卷第 9 期，第 6—9 页，乡村破坏、乡村建设、大众教育、生活教育、生产教育

［94］ 朱宝昌

1．"从对中国过去教育之批判说到今后乡村师范教育之使命及前途"，第 6 卷第 7 期，第 18—28 页，教育、演变、趋向、师范教育

［95］ 祝超然

1．"介绍定县导生制"，第 4 卷第 22 期，第 17—21 页，导生制、大队组织、管理

2．"乡村小学教育中的公民训练问题"，第 6 卷第 15 期，第 43—46 页，小学教育、公民训练、民族意识

［96］ 张石方

1．"民众读本编造的研究"，第 2 卷第 30 期，第 6—10 页，动机、错误、编造原则

2．"邹平的县学师范部"，第 4 卷第 10、11 期合刊，第 7—15 页，县学、师范部、教育方针、行政组织

参考文献

（一）著作类

1. 陈景磐：《中国近代教育史》，人民教育出版社 1979 年版。

2. 程悠：《中华民国工商税收史纲》，中国财政经济出版社 2001 年版。

3. 方汉奇：《中国近代报刊史》，山西人民出版社 1981 年版。

4. 方显廷：《方显廷回忆录》，商务印书馆 2006 年版。

5. 郭飞平：《中国民国经济史》，人民出版社 1994 年版。

6. 胡寄窗：《西方经济学说》，立信会计出版社 1991 年版。

7. 胡寄窗：《中国近代经济思想史大纲》，中国社会科学出版社 1984 年版。

8. 胡寄窗、谈敏：《中国财政思想史》，中国财政经济出版社 1989 年版。

9. 金德群：《民国时期农村土地问题》，红旗出版社 1994 年版。

10. 李翠莲：《留美生与中国经济学》，南开大学出版社 2009 年版。

11. 李蓉丽：《民国对外贸易思想研究》，武汉大学出版社 2008 年版。

12. 李新：《中华民国史》，中华书局 2002 年版。

13. 李学通：《翁文灏与中国早期工业化》，天津古籍出版社

2005 年版。

14．刘常青：《中国会计思想发展史》，西南财经大学出版社 2005 年版。

15．陆仰渊：《民国社会经济史》，中国经济出版社 1991 年版。

16．潘国旗：《民国浙江财政研究》，中国社会科学出版社 2007 年版。

17．舒新城：《中国近代教育史资料》，人民教育出版社 1981 年版。

18．宋丽智：《民国时期会计思想》，武汉大学出版社 2009 年版。

19．孙大权：《中国经济学的成长：中国经济学社研究（1923—1953）》，上海三联书店 2006 年版。

20．孙智君：《民国产业经济思想研究》，武汉大学出版社 2007 年版。

21．陶宏伟：《民国时期统制经济思想与实践》，经济管理出版社 2008 年版。

22．王亚南：《中国经济原论》，生活书店 1947 年版。

23．严清华：《中国经济思想史论》，前进出版社 2004 年版。

24．杨光辉：《中国近代报刊发展概况》，新华出版社 1986 年版。

25．杨晓：《中日近代教育关系史》，人民教育出版社 2004 年版。

26．杨荫溥：《民国财政史》，中国财政经济出版社 1985 年版。

27．叶世昌：《中国经济学术名著提要·经济卷》，复旦大学出版社 1994 年版。

28．叶世昌、李金宝、钟祥财:《中国货币理论史》,厦门大学出版社 2003 年版。

29．叶世昌、施正康:《中国近代市场经济思想》,复旦大学出版社 1998 年版。

30．颖之:《中国近代留学简史》,上海教育出版社 1980 年版。

31．张东刚:《世界经济体制下的民国时期经济》,中国财政经济出版社 2005 年版。

32．张文宪等:《中华民国大辞典》,江苏古籍出版社 2001 年版。

33．张霞:《民国时期"三农"思想研究》,武汉大学出版社 2010 年版。

34．赵友良:《中国近代会计审计史》,上海财经大学出版社 1996 年版。

35．钟祥财:《20 世纪中国经济思想史述论》,东方出版中心 2006 年版。

36．钟祥财:《法币政策前后中国的货币理论》,上海社会科学院出版社 1995 年版。

37．邹进文:《民国财政思想史研究》,武汉大学出版社 2008 年版。

（二）期刊类

1．蔡志新:"孔祥熙外债思想述评",《广西社会科学》2003 年第 4 期,第 143—146 页。

2．曹立钱、葛计星:"20 世纪 30 年代中国币制改革与美、英、日三国的态度",《山东师范大学学报》2006 年第 4 期,第 126—130 页。

3. 程霖:"20 世纪的中国经济思想史研究——以学术著作为主的考察",《中国经济史研究》2004 年第 4 期,第 139—148 页。

4. 戴金珊:"试论西方经济学在中国的早期传播",《世界经济文汇》1985 年第 4 期,第 46—52 页。

5. 高国舫:"浅论梁漱溟的乡村建设方略",《浙江社会科学》1997 年第 2 期,第 43—46 页。

6. 高旺:"乡农学校模式:梁漱溟的政治体制构想及其实验",《河北学刊》1997 年第 5 期,第 55—59 页。

7. 高鑫:"中国重商主义的历史沿革与重商主义之殇",《交流与思考》2009 年第 1 期,第 62 页。

8. 龚喜春:"评梁漱溟的乡村建设理论",《湖北师范学院学报》1992 年第 1 期,第 33—40 页。

9. 何剑明:"张謇与张之洞实业道路比较论",《江苏教育学院学报》2002 年第 3 期,第 56—69 页。

10. 贺水金:"论 20 世纪 30 年代前中国币制紊乱的特征与弊端",《史林》1998 年第 4 期,第 52—58 页。

11. 黄岭峻:"30—40 年代中国经济思想界的计划经济思潮",《近代史研究》2000 年第 2 期,第 150—176 页。

12. 黄岭峻:"'统制经济'思潮述论",《江汉论坛》2002 年第 11 期,第 62—68 页。

13. 纪庆芳:"马寅初战时经济思想探微",《枣庄师专学报》2002 年第 4 期,第 33—37 页。

14. 江海:"中国近代经济统计研究的新进展",《中国经济史研究》2001 年第 1 期,第 152—155 页。

15. 李翠莲:"美国教育理念对近代中国教学的影响",《河北大学学报》2004 年第 9 期,第 47—49 页。

16.李国环:"孙中山发展农业和振兴实业的经济思想评述",《安徽史学》2002 年第 3 期,第 64—67 页。

17.李倩:"民国时期银行法研究探析:以三十年代《银行周报》为考察视角",《法学杂志》2009 年第 3 期,第 139—141 页。

18.李善峰:"梁漱溟的现代化思想初探",《东岳论丛》1996 年第 4 期,第 65—70 页。

19.李耀宗:"民国会计发展状况及启示",《技术与市场》2007 年第 11 期,第 73—74 页。

20.李中军:"毛泽东梁漱溟农民问题理论比较研究",《史学月刊》1996 年第 2 期,第 61—65 页。

21.刘光钦:"孙中山关于对外经济技术合作的思想主张",《西南民族学院学报》2003 年第 2 期,第 126—129 页。

22.刘甲朋、魏悦:"20 世纪中国经济思想史研究综述",《江西财经大学学报》2003 年第 5 期,第 57—60 页。

23.刘江船:"梁漱溟乡村建设理论的主要特征",《江西师范大学学报》1996 年第 2 期,第 48—53 页。

24.刘一民:"梁漱溟乡村建设模式述论",《成都大学学报》1994 年第 3 期,第 6—10 页。

25.刘远柱:"民国初年张謇与孙中山经济建设思想及实践比较",《南通工学院学报》2004 年第 2 期,第 74—77 页。

26.罗吉:"孙中山西部开发战略构想初探",《零陵师范学院学报》2002 年第 5 期,第 54—56 页。

27.牛林豪:"试析马寅初对中国'劳资问题'的论述",《史学月刊》2007 年第 8 期,第 126—128 页。

28．任传东："马寅初金融学说"，《西南金融》2010 年第 3 期，第 44—49 页。

29．时广东："梁漱溟、毛泽东关于中国社会改造思想的趋同和差异"，《社会科学研究》1996 年第 6 期，第 105—111 页。

30．孙崇文："理想与实践：乡村教育运动中的陶行知和梁漱溟"，《四川师范学院学报》1993 年第 3 期，第 136—142 页。

31．孙继文："梁漱溟'乡村建设'述论"，《河南大学学报》1998 年第 2 期，第 84—87 页。

32．孙建国："20 世纪 30 年代章乃器信用统治经济思想评述"，《上海师范大学学报》2004 年第 3 期，第 60—65 页。

33．孙智君："民国经济学家方显廷的农业经济思想及其现实意义"，《华中农业大学学报》2007 年第 2 期，第 88—92 页。

34．唐和英："略论吴景超的农村建设思想"，《铜陵学院学报》2008 年第 2 期，第 70 页。

35．陶士和："民国初年资产阶级革命派近代经济观简论"，《史林》2003 年第 2 期，第 117—122 页。

36．王能应："管理通货制：20 世纪 30 年代中国币制改革方案的讨论"，《中国地质大学学报》2005 年第 6 期，第 39—43 页。

37．夏士清："梁漱溟生命化儒学对其乡村建设思想的影响"，《深圳大学学报》1992 年第 2 期，第 51—60 页。

38．熊吕茂："近十年来梁漱溟研究综述"，《湖南师范大学社会科学学报》1997 年第 5 期，第 68—73 页。

39．徐建生："民国北京、南京政府经济政策的思想基础"，《中国经济史研究》2003 年第 3 期，第 70—81 页。

40．严清华、邹进文："民国经济思想史研究的意义与构想"，

《河南师范大学学报》2005年第1期,第84—87页。

41. 阎书钦:"抗战时期国统区的学者从政潮流与《新经济》半月刊的创办",《清华大学学报》2007年第4期,第26—37页。

42. 颜鹏飞、李朝辉、王今朝、马颖:"经济思想史研究的新突破",《经济评论》2004年第5期,第123—125页。

43. 叶明德:"马寅初的人口质量观及其现实意义",《浙江大学学报》2002年第6期,第39—43页。

44. 张汉静、郭贵春:"孙中山工业科技思想研究",《山西财经大学学报》2003年第1期,第37—41页。

45. 张连国:"20世纪30年代中国统制经济思潮与自由主义者的反应",《历史教学》2006年第2期,第27—31页。

46. 张晓丽:"论张之洞的农业近代化思想与实践",《安徽农业大学学报》2003年第4期,第90—93页。

47. 张玉龙:"吴景超的工业化思想探析",《东方论坛》2003第1期,第79—83页。

48. 郑会欣:"简述中国经济学社的年会及其特点",《中国社会经济史研究》2006年第3期,第93—105页。

49. 郑会欣:"战前'统制经济'学说的讨论及其实践",《民国研究》2006年第1期,第86—100页。

50. 钟祥财:"20世纪三四十年代中国的统制经济思潮",《史林》2008年第2期,第33—48页。

51. 朱汉国:"梁漱溟乡村建设性质新论",《史学月刊》1995年第6期,第62—66页。

52. 朱汉国:"论梁漱溟的'中国社会结构特殊论'",《齐鲁学刊》1996年第6期,第19—23页。

53．朱汉国："一份可资借鉴的遗产——论梁漱溟乡村建设的现实意义"，《北京师范大学学报》1996 年第 6 期，第 21—26 页。

54．朱鸿翔、孙溦："论 20 世纪上半叶中国经济思想史研究——基于学术论文的考察"，《经济学研究》2009 年第 4 期，第 30—33 页。

55．朱华雄、李俊："民国时期金融思想发展中的三大流派和三大主题"，《贵州财经学院学报》2007 年第 1 期，第 26—30 页。

（三）学位论文类

1．陈伟：《论梁漱溟的乡村秩序观》，湘潭大学硕士论文，2004 年。

2．楚艳红：《丁文江思想初探》，中国人民大学博士论文，2002 年。

3．方小玉：《民国〈经济学季刊〉（1930—1937）研究》，武汉大学博士论文，2010 年。

4．傅厚春：《晏阳初中国乡村建设思想研究》，辽宁师范大学硕士论文，2007 年。

5．高璇：《民国〈经济评论〉（1947—1949）研究》，武汉大学博士论文，2011 年。

6．郭祥：《梁漱溟乡村建设理论与毛泽东农村革命思想比较研究》，兰州大学硕士论文，2007 年。

7．胡丽蓉：《梁漱溟礼学思想研究》，华东师范大学硕士论文，2010 年。

8．胡友利：《梁漱溟乡村自治思想初探》，山东大学硕士论文，2006 年。

9．李晓澜：《民国时期中国社会学家的经济思想研究》，北京大学博士论文,2004 年。

10. 李学通:《翁文灏中国工业化思想研究》,中国人民大学博士论文,2002 年。

11. 林白:《论文化保守主义与马克思主义》,内蒙古大学硕士论文,2010 年。

12. 刘爱景:《梁漱溟乡村建设思想及其现代价值》,山东师范大学硕士论文,2002 年。

13. 刘旺华:《民国时期乡村建设的现代化意义》,湖南师范大学硕士论文,2003 年。

14. 邵长虎:《梁漱溟思想与中国传统文化的现代转换》,华侨大学硕士论文,2004 年。

15. 史振厚:《晏阳初乡村改造思想初探》,湖南师范大学硕士论文,2002 年。

16. 宋薇:《梁漱溟文化思想探析》,河北大学硕士论文,2000 年。

17. 孙烨:《梁漱溟乡村建设思想及其对新农村文化建设的启示》,河北师范大学硕士论文,2010 年。

18. 佟玲玲:《梁漱溟乡村教育思想与社会主义新农村建设》,山东师范大学硕士论文,2007 年。

19. 王伟:《梁漱溟"人心论"思想探析》,河北大学硕士论文,2010 年。

20. 肖洲:《梁漱溟与山东乡村建设运动》,河北师范大学硕士论文,2008 年。

21. 许爱青:《梁漱溟乡村建设理论和实践研究》,山东大学硕士论文,2008 年。

22. 叶小华:《论梁漱溟的政治哲学思想与实践》,南昌大学硕士论文, 2005 年。

23. 张森:《梁漱溟、晏阳初乡村建设理论与实践之比较》,西北大学硕士论文, 2008 年。

24. 赵玉丽:《论梁漱溟的乡村建设思想及其对我国新农村建设的启示》,南京理工大学硕士论文, 2006 年。

25. 周建雄:《孙中山经济发展思想研究》,湖南师范大学博士论文,2002 年。

26. 朱圆满:《梁启超产业经济思想研究》,湖南师范大学博士论文,2002 年。

后　记

　　此书是我和武汉科技大学汪睿副教授在我的博士论文的基础上，共同修改完成的。汪教授知识渊博、思维活跃、年轻有为，为本书提出了诸多建设性意见及改写方案，并具体负责几个章节的修改工作，在此深表谢意！离开校园已一年有余，说句心里话，其实我很不想离开，不想离开美丽的武汉大学校园，不想离开和蔼可亲的老师们，不想离开活泼开朗、又充满激情的同学们。回忆起在武汉大学学习与生活的点点滴滴，感慨颇多，令我难以忘怀，心中充满感激之情。

　　我要特别感谢恩师严清华教授，他给了我进入高等学府继续学习深造的机会，他的教诲使我耳目一新，特别是他的严谨与开明的治学态度让我受益匪浅。他对我的关怀与照顾，令我非常感激。在本书的写作过程中，本书框架及写作内容经过他的多次悉心指导、不厌其烦地修改，才得以顺利完成。在此，我要衷心地说声：严老师，谢谢您！

　　感谢武汉大学经济思想史专业导师组德高望重的颜鹏飞教授、王元璋教授和乔洪武教授，他们给了我学习上极大的关心和帮助，特别是在书稿框架的修订和写作过程中，他们的宝贵意见让我的思路更加开阔，不断改进，受益匪浅。在此一并表示感谢！

　　本书的顺利完成离不开严门各位师兄师姐、师弟师妹对我的关心与帮助。特别是高璇师妹对我的书稿写作提出了极为宝贵的修改意见，令我耳目一新，少走了不少弯路。作为严门弟子中的一员，我感到骄傲与自豪！

在我的书稿写作过程中，广西财经学院的甘妍姬同学给予了我极大的帮助，帮我收集、整理了大量的文献资料。由于《乡村建设》杂志目前还没有电子文档，是甘妍姬同学一字一句地将《乡村建设》杂志全部输入电脑，整理成 WORD 文档，为我腾出了大量的时间去潜心研究与写作，在此深表感谢！

最后，感谢我的家人，为我书稿的完成给予了极大的支持！

颜昌盛

2013 年 5 月于武大枫园